今天也沒有和任何人對話就結束了

心理教練的30則獨處手記，
教你享受寂寞、找回安定的自己

「孤独ちゃん」と仲良くする方法

古山有則 • 著　涂紋凰 • 譯

高寶書版集團

前言
每個人的心裡都住著「孤獨小姐」

當你聽到「孤獨」這個詞的時候，會想到什麼呢？

「喜歡的人或朋友已讀不回，讓我覺得很寂寞。」

「看到在社群媒體上過得很充實的人，就覺得只有自己原地踏步。」

「都沒有和任何人說話就結束一天，我很怕這樣的日子會一直持續下去。」

焦慮、空虛、失落、無力感……或許還有很多沒寫到的部分。

本書所說的「孤獨」就是指這些感受。

如果不理會這份「孤獨」，會變得怎麼樣呢？

嫉妒那些閃閃發光的人、責怪自己、無法認同自己原本的樣貌、失去自信……。

最後，你會無法接受「原本的自我」，永遠懷抱著不安的情緒。

你或許也曾經有過這種感受。

不過，如果有一種方法，能讓你在無論多麼「孤獨」的狀況下都樂觀積極，你會不會有興趣呢？

你好，我是心理教練古山有則。

我以前曾經因為壓力太大，一個月內暴瘦十五公斤，還得了圓形禿。當時一切都很不順利，完全無法規劃未來，深陷於無盡的孤獨感之中。

那個時候我認識了「孤獨小姐」。

這位「孤獨小姐」，就是住在內心的真正自我。

我聽到「其實我很寂寞」、「其實我很不安」的真正心聲。

同時也發現，聽到自己的心聲不知道為什麼反而讓心情變得輕鬆許多。

而且，當我接納「孤獨小姐」，並且和她好好相處之後，我找到過去不曾瞭解的自己，負面情緒隨之消失，每天都過得很開心。

不僅如此而已。

在那之後我仍然繼續找出和「孤獨小姐」好好相處的方法並且實踐，結果——

原本痛苦的日子得以轉變，我學會不管發生什麼事都能夠讓自己柔軟靈活地生存下去的「堅強」。

現在，我以心理教練的身分，應用當時的經驗，透過電話、面談、筆記、線上沙龍、社群媒體，傳達「無論你現在處於什麼狀況、狀態都有價值」的訊息。

不過，在我每天接觸個案的時候，最大的感觸就是大家很難面對自己心中的「孤獨小姐」。

遇到這樣的人，我都會建議：

- **有時候可以怪到季節頭上**
- **早睡早起**
- **把每個星期三訂為獎勵自己的日子**

●在社群媒體裡找到「第三個去處」……諸如此類

讀到這裡，可能會有人覺得「早睡早起？少在那邊說這種理所當然的話！」細節我會在內文說明，不過這些都有技巧，只要學起來，孤獨小姐就會把你從「活得很痛苦」的狀況中解救出來。

如果你現在覺得很寂寞，也請放心。

孤獨小姐是你的盟友、夥伴、朋友，不是來威脅你的敵人。

本書會介紹很多和「孤獨小姐」好好相處的方法。

在這裡先稍微介紹一下，實踐過這些方法的個案給我的「喜悅回饋」：

「和男友分手之後，我每天都過得毫無充實感。我想著再這樣下去不行，所以去找古山先生諮商，結果學會了如何面對『孤獨小姐』，現在大家都對我說：『妳最近看起來很有活力耶！』」

「我因為疫情的關係而變得寂寞，後來遇見古山先生。古山先生的一句話，讓我學會和內心那位『孤獨小姐』好好相處的方法。現在已經找到自己真正想做的事情，正在持續挑戰中喔！」

孤獨這種感覺，根本就沒辦法改變……。

你要不要試著放下這樣的成見呢？

我和我的個案都曾經有相同的煩惱，後來學會和「孤獨小姐」相處，克服了心中的障礙。

但願你也能透過本書，和你心中的「孤獨小姐」相遇，度過充實的每一天。

古山有則　寫於茨城縣，土浦書齋

第1章
因為「寂寞」而感覺心靈不滿足的時候

目錄
CONTENTS

第2章
當你想著「我一直保持現狀真的好嗎？」無法停止負面思考的時候

第3章

「只有我孤單寂寞嗎？」當你覺得只有自己留在原地，因此感到痛苦的時候

目錄
CONTENTS

第4章 當你因為「自己做什麼都不行」而感到痛苦的時候

第1章
因為「寂寞」而感覺心靈不滿足的時候

——無論在什麼狀態下，你都不是「一個人」

每個人的心裡都住著一位「孤獨小姐」。
當你感到「孤單寂寞」的時候，
請察覺「孤獨小姐」的存在。
不要漠視或帶過「寂寞」的感受，
好好面對吧。

01 停止「抹除寂寞」的行為

「一整天都沒有和任何人說話，讓我覺得很不安。我該怎麼做，才不會覺得寂寞呢？」

我經常在個案諮商的時候被問到這個問題。

很多人覺得「寂寞」，也就是「孤獨小姐」是不好或負面的東西。

然而，身為心理教練，我並不認為寂寞很負面。

每個人都會感覺寂寞，所以這絕對不是不好的東西。

我從十歲就開始打棒球。

高一的時候進了壘球社，體驗過母校第一次參加全國錦標賽、拿下國民體育大會優勝，但是因為受傷，我罹患職業過勞症候群。

當時的我認為：

「是不是只有我的時鐘停擺了？」

「整個社會是不是拋棄我了？」

我覺得很不安，感覺心臟都要爆裂了。

我不知道該怎麼突破這個現狀，整個人手足無措。

當你覺得寂寞的時候，最重要的就是不要把眼光往「外」看。

我們往往會把自己拿來和朋友、他人做比較。

也就是把眼光往「外」看，在意別人去哪裡旅行、別人在什麼公司上班。

然而，這麼做無法處理「寂寞」的問題。

指針必須朝「內（＝自己）」而不是朝「外（＝他人）」，才能徹底面對寂寞的原因。

這種思考方式是以正面積極的態度看待寂寞，而非負面消極。

往「內」看就是試著自問自答：

「我為什麼會感到寂寞？」

譬如我大學的時候，認為我會感到寂寞是因為肩膀受傷，因此必須放棄我最喜歡的棒球。

不過，為了讓自己徹底面對寂寞，我不只在腦中思考，還寫在筆記本上。

自問自答：「我為什麼會感到寂寞？」

「就算肩膀受傷也能打球。我並不是完全不能打棒球，但為什麼我會耿耿於懷呢……？」

我繼續加深和自己的對話。

結果，我才知道寂寞的本質，來自「我不想承認自己打得不好」。

我在前文提到，高一的時候曾在國民體育大會拿下優勝。

那一丁點自尊對我造成阻礙。

我很怕別人覺得我明明得過國民體育大會的優勝，但是打得比其他人還差……。當我發現自己的心聲之後，我重新思考：「球打得不好真的會被笑嗎？」後來，比起守護自己的自尊，我選擇以享受棒球為優先。

我加入社團，不只把棒球當成社團活動，也把棒球當成自己的歸屬好好享受，最後因為有意氣相投的隊員，讓我能開心打棒球。

我對當時的隊友們真的充滿感激。

如果你也感受到這樣的寂寞，請試著把它當成一個能面對自己的機會。

某位有戀愛煩惱的女大學生，認為自己覺得寂寞是因為「被男友討厭」。還有一位苦於職場人際關係的三十幾歲女性，認為自己的寂寞是因為「上司沒有給自己正確的考績」。

一樣都是「寂寞」，但背後的理由和原因卻各有不同。

請把寂寞當成一個面對自己心聲、了解自己的機會。

遮掩「寂寞」的情緒，假裝沒有看到是一件很容易的事。
然而，用別的事情來打發，即便能夠瞬間填補空虛也不能解決問題。

寂寞和蛀牙是一樣的。
就算吃了藥緩解牙痛，蛀牙也不會好。
想要根治就需要牙醫師治療。
感到寂寞的時候，如果不能面對真正的原因，就無法填補心中的裂痕。
沒有任何一種情緒是多餘的。
請從現在這一刻開始，「把寂寞當成改變自己的機會」，正面積極地看待吧。

寂寞是面對自我的機會。
雖然有人認爲寂寞是不好的東西，
但事實並非如此。
沒有任何一種情緒是多餘的，
請善待自己心中的「孤獨小姐」吧。

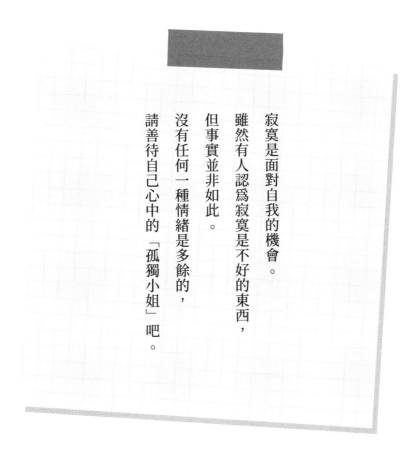

02 一個人生活並不代表「孤獨」

一個人生活能獲得數之不盡好處。

如果你現在住在老家，一個人生活應該會為你的人生帶來很大的衝擊。

一個人生活之後，住在老家的壓力就會消失，心情會變得比較開闊。

不過，你應該也會很快就碰到瓶頸。

因為你會發現，以前坐在餐桌上就會理所當然地出現美味佳餚，衣服也理所當然地有人整理好，這些其實都不是「理所當然」的事情。

如果感冒，也只能自己照顧自己。

另一方面，一個人生活的寂寞，應該會讓你感到孤獨。

住在老家的話，有什麼難過的事情，家人都會聽你抱怨。

一個人生活表示家裡不會有人等你回來，也不會有人幫你準備溫熱的飯菜。

所以，即便你回到家，家裡也沒有人。

「這個世界是不是拋棄我了？」

「是不是沒有人需要我？」

我想你大概會有強烈的空虛感。

或許有人會喝酒、熬夜，沉浸在這種情緒裡。

不過，一個人生活雖然物理上只有一個人，但並不代表「孤獨」。

認為這樣就是「孤獨」的人，其實是忘記了自己還有和朋友、家人彼此之間精神上的連結。

「擁有獨處的時間」是成長必須的條件。

如果沒有獨處的時間，就無法思考今後自己的未來。

有人會為了排遣寂寞和朋友聚在咖啡廳一起寫作業，但是和朋友聊天的時間，往往比寫作業的時間還長。

請試著從「精神性的連結有沒有大於物理性的連結」來思考看看。

學生時期的好朋友，會不會因為畢業之後，就再也不相往來？

一起寫作業的朋友，會不會因為作業完成，就再也沒有聯絡？

重要的連結沒有這麼簡單。

就算因為搬家等因素拉遠距離，人與人之間的關係也不會因此消失。

畢業之後雖然沒有再見過面，也沒有再聯絡，但仍不會改變他是很重要的人這個事實。

我在寫這本書的時候，大學時期一起上過課的朋友，久違地跟我聯絡：「讀了你的書很感動，你之前過得很辛苦呢。」

聯絡的頻率高低，根本不重要。

因為我們之間仍然擁有以前上課時產生的羈絆。

理想的狀態是你「個人」有所成長，而你和朋友成長後互相交流。

不追求「個人」的成長，只是因為寂寞就找朋友、情人打發時間，最後只會變得必須依靠別人才能生存。

我的個案A小姐覺得，只要行程空著就會感到不安，害怕沒有人需要自己，所以總是把行程排滿，每天都要和別人見面才行。

我對A小姐說：

「請每天保留十分鐘的時間獨處，思考今後的生活吧。」

A小姐漸漸發現「即便靠那些聽別人抱怨的女性聚會填補寂寞，也無法解決問題」，決定重新審視自己運用時間的方式。

之後A小姐減少參加女性聚會的次數，開始學英文加強自己的工作能力，變得對工作積極進取，因此獲得好評，被升為專案經理。

她透過每天不斷努力，成長到能夠充滿自信地發表意見。

因為有一個人獨處的時間，才能往未來邁進一步。

你也可以看電影、自己去咖啡廳、做料理。

我的意思並不是說：

「不能和朋友一起讀書」、「不能參加女性聚會」。

重點在於你必須有一個人學習的時間，再創造和朋友對話的時間，藉此讓彼此獲得成長。

我以前曾經在ＩＧ上面發表過這樣一段文字：

「試著在今天的留言區裡寫下『我不是一個人』。」

那篇發文竟然得到五百人以上回覆「我不是一個人」。

這是超乎我預料的留言數量。

留言之中，有人寫下這段話：

「這句話讓我覺得自己不孤單。」

因為這件事，讓我發現很多人都在懷疑：

「我是不是很孤單？」

甚至因此覺得不安。

你會不會也有這種感覺呢？

就像有人對你說「你不是一個人」的時候，你會覺得鬆一口氣一樣，也有很多人在等著這句話。

如果你身邊重要的人正在煩惱，請你主動告訴對方：「你怎麼了？我們可以聊聊喔。」

一定會有人因為這句話而得到救贖。

我希望各位能把「你不是一個人」的訊息傳達出去。

你並不「孤單」。
就算沒有人陪在身邊，
精神上也會和某個人連結。
不要爲了塡補寂寞而和別人聚在一起，
先讓你自己有所成長吧！

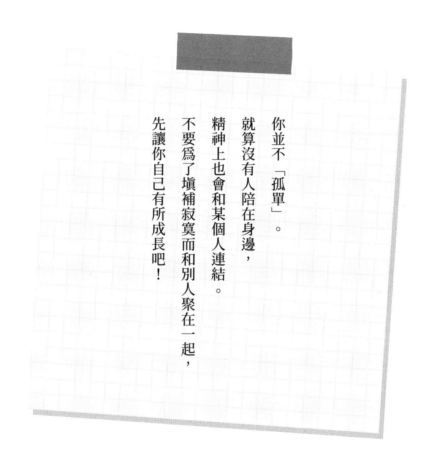

03 早上要有規律地活動

當你覺得寂寞，就會什麼事都不想做。

沒有幹勁，覺得很累，完全不想動……。

這個時候每天淡然地重複做一樣的事就顯得非常重要，也就是說，你必須遵守能夠提升自我的例行公事。

你有什麼一定要做的例行公事嗎？

我有一次突然想到：「如果我更有能力，周圍的人就會主動和我搭話，那我就不會覺得寂寞了啊……。」

同時，我也心想「希望自己在精神層面能夠更強大」。

為了提升自己的精神能力，就需要自我磨練的時間，也就是獨處的時間。

然而，即便想要擁有獨處的時間，也會因為被工作和嗜好等眼前的事情追著跑，導致一事無成。

當我在思考有什麼時間能夠不被任何人打擾、完全屬於自己的時候，我想到早上的時段，尤其是四點到六點。

這段時間沒什麼有趣的電視節目或者實況轉播對吧？

而且，朋友也不會在這個時間用社群軟體傳訊息。

我會心想「難得早起，一定要過得有意義才行」，心情也會變得更積極。

可能有人只看過每年的第一道日出。

不過，我覺得這樣很可惜。

不是什麼特別日子的日出，也能帶給人旺盛的活力。

無論如何，只要沐浴在早晨的陽光下開啟一天，心情就會變得很好。

一大早起來實踐獨處的例行公事，會讓你每次在迎接早晨時，都能夠自我成長，漸漸也能夠面對寂寞的成因。

以我自己來說，早上起床之後，我會按掉鬧鐘，去廁所洗把臉，再來到工作用的房間。

我會開始寫書稿直到六點，然後按照平常的路線散步。

回家之後拉筋冥想，然後讀書。

如果有什麼必須緊急處理的事情，我會在這個時候處理。

我並不是一年三百六十五天都這麼做。

身體不舒服或睡眠不足的時候，我會先讓自己好好休息。

和伴侶或家人同住，很難獨處的人，可以提早三十分鐘出門，在電車裡讀書或者到公司附近的咖啡廳悠哉度過上班前的時光，透過這些方式擠出一點能夠實踐例行公事的時間。

這個例行公事的目的，是要提升自我存在的基礎。

心靈會因爲每天規律的活動而變得堅強。
尤其一大早的時候，
比較容易擁有獨處的時間。
不要用「我很忙沒辦法」推託，
正因爲你很忙，才更要有效率地應用時間！

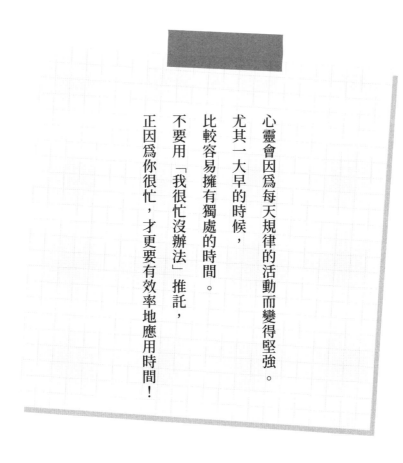

04 夜晚的寂寞，到了早上就會消失

「孤獨小姐」通常會出現在晚上。

你是不是也覺得，晚上比白天更容易「感到寂寞」呢？

從個案傳來的訊息中，會發現晚上十點以後的煩惱往往會比早上沉重、複雜。

因此我建立了一個假說：

「夜晚的寂寞，到了早上就會消失，所以最好不要在晚上煩惱。」

有一次，個案很晚才來找我諮詢，我只告訴對方：

「總之今天早點睡，明天我們再一起想辦法吧。」

我請對方暫時不要思考或試圖解決煩惱。

結果，你猜發生什麼事？

隔天我主動聯絡對方：

「我們來聊聊昨天你想諮詢的事情吧！」

對方回覆我：

「睡了一覺之後，覺得這件事變得無關緊要了。」

和個案聊到這件往事，對方告訴我：

「本來期待聽到適合的建議，所以當古山先生說『早點睡』的時候，我心想『為什麼？我現在就想聽到你的建議耶！』」

我一向告訴來找我諮詢的人「在晚上煩惱不是件好事」。

就像剛才的例子，夜晚的煩惱，到了早上就會沉澱下來。

除此之外，我還有另一個假說：

「晚上傳送的電子郵件，容易讓人後悔。」

我告訴個案，如果晚上很想要傳送充滿不安、不滿的長文給喜歡的人或朋友，請先直接發給我。

我看過個案寄來的內容，每一封信都越讀越難受……。

譬如說有像以下這種「隨隨便便嫉妒、發怒」的文章：

「反正你現在一定和某人在一起吧？討厭我的話就直說啊。我已經忍很久了，其實我一直都知道你瞞著我和某人見面。因為我看到你ＩＧ上的照片背景，和某人發的照片很像。那個時候你們待在一起對吧？」

像這種自己任意解釋和過度鑽牛角尖的內容，會讓讀到這封信的人覺得很討厭。

不過，這封信雖然沒有傳給男友而是傳給我，但個案本人的火氣卻因此消失了。

我問她原因，她告訴我：

「把想說的話都說完之後覺得神清氣爽。雖然收件人不是男友，而是古山先生……。」

也就是說，其實收件人就算不是想傳達的當事人也沒關係。就某個層面來說，寄給誰都無所謂。

「有能夠釋放壓力的地方、有傾聽自己心聲的人。」

這樣就能讓人感到安心。

因為有這樣的經驗，我才會告訴大家，晚上是容易後悔的「魔鬼時間」。時間越晚，人越容易陷入負面思考，所以我認為「靠睡眠儘早結束夜晚的時間」非常重要。

早點睡可以減少後悔的機率，也能早點起床。

早起有益無害。

「當你覺得寂寞的時候，就要早點去睡。」

應該有很多人聽到這句話會心想：

「不要說這種理所當然的廢話！」

不過，最簡單有效的方法就是早睡。

因為儘管心裡明白這個道理，但實際上能執行的人不多。

身體、心靈、腦袋到了夜晚都會很疲倦。

請你再次理解，到了夜晚人會比自己想像的還要疲勞這件事。

重要的是就算睡不著，也不要滑手機，趕快鑽進被窩躺下。

人一旦疲勞，有一點小事就會覺得煩躁。

因為覺得太寂寞，導致自己變得焦躁，一不小心就對男友說「我們分手吧」這種無法挽回的話，然後再來後悔：「當初為什麼會這樣說……」這種情形晚上特別多。

偷偷說，我阻止過好幾個人在晚上發「分手信」。

因此，當你覺得自己快要被寂寞壓垮的時候，就早點去睡，讓這一天早點結束，這一點很重要。

如果你已經這麼做，還是有話想要告訴對方，直到早上仍然覺得這些事「很有所謂」，那就在早上不疲倦的時候，以文字量和時間點不要超過對方負荷為前提，試著傳送訊息吧。

「孤獨小姐」會在夜晚露臉。
如果你已經很難受，
就先去睡吧。
或許早上起床你就會覺得
「那些一點也不重要」了。

05 寂寞都是季節害的

我們在面對某個人的死亡時，會突然感受到孤獨。

身邊的人過世當然會有影響，不過名人或藝人這些和自己沒有直接關係的人過世也可能對我們造成莫大影響。

原本朝氣蓬勃笑容滿臉的人突然過世，會讓人覺得很受打擊，失去活著的希望。

這種時候我想告訴大家，不要責怪自己。

商業書或自我成長的書籍經常會告訴讀者：「你沒辦法改變他人，所以要先改變自己。」

然而，當人已經快要被寂寞和不安壓垮時，很難「改變自己」。

「那麼優秀的人竟然死了。跟他比起來，我根本沒什麼價值啊。」

「以後再也見不到他，對我來說就像失去活下去的希望。」

這些想法會縈繞在你的心頭，變得很難轉換心情。

這個時候請試著當作是季節或環境的問題，告訴自己「都是〇〇害的」。

以「你沒辦法改變他人，所以要先改變自己」為基礎，

這種思考方法就是要讓你不要責怪自己。

重點在於不要怪別人也不要怪自己。

把錯都推到季節或環境頭上，就不會陷入責怪自己、厭惡自己的情緒之中。

實際上我也曾告訴個案：

「你就當作是季節的問題，好好休息一下吧。」

結果對方感到很安心，認為：

「原來如此，問題並不是我這個人沒有價值啊。」

「現在會容易沮喪是因為天氣太冷，今天就好好休息吧。」

如果能增加體恤自己的機會，原本責怪自己的時間就會轉變成安撫自己的時光。

懂得體恤自己，才能讓自己的狀態變得更好。

把問題推到季節頭上，並不是在逃避現實。

不責怪自己，是為了讓自己保持在絕佳的狀態中，然後在這樣的狀態下專注面對自我。

當你覺得快要被「孤獨小姐」吞噬的時候，就把問題推給季節、荷爾蒙失衡、低氣壓吧！

把錯都推到季節和環境頭上吧！
聽到傷心的消息、令人沮喪的事情，
只要想著「都是〇〇害的」，
就不會連你自己的價值都被拉低了。

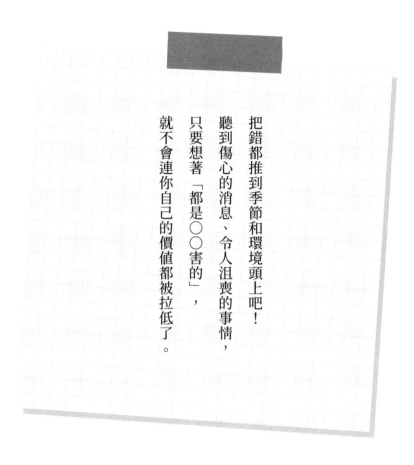

06 讓身體和心靈都保持溫暖

我至今諮商超過一萬人次，發現不只晚上，就連氣溫比較低的時候，人也會容易感受到「孤獨小姐」的存在。

以季節來說，冬天比夏天多；以天氣來說，雨天比晴天多。

除此之外，梅雨和季節變化的時候也比較容易讓人感到寂寞。

當你覺得寂寞的時候，請讓身體保持溫暖。

請試著泡澡、喝熱牛奶、用熱眼罩讓眼睛休息、打開暖氣提升室溫。

冬天比夏天更容易感受到「孤獨小姐」的存在。

因此，透過這些方法打造出接近夏天的環境，就能轉換心情。

我會拉長泡澡的時間，然後喝杯熱牛奶，盡量早點去睡覺。

一個人住的話，很多人會快速沖個澡就結束，但我希望大家一定要找機會試試看泡澡這個方法。

這很值得嘗試。

實際上我也曾經告訴個案「先去泡個熱水澡暖暖身體」，然後對方後來告訴我「泡完澡心情變得很放鬆，也睡得很好」。

另外，當你泡在浴缸裡的時候，請試著開口說：「啊～好舒服喔～」

開口說出來，會讓人覺得更安心。

溫暖身體之後，也要溫暖心靈。

我推薦大家去和寵物玩、看動物的影片或令人感動的電影，或者是聞香氛、聽沉靜的音樂。

我們都太追求效率，無論做什麼都會不自覺地全力以赴。

正因為這樣，暫時停下來讓身體和心靈休息很重要。

我認為寂寞是過度追求效率，導致身心俱疲的警示。

學生時期的話，身邊有人會幫你注意身體狀況，社團活動的時候領隊和教練還會幫你調整練習的內容。

成為社會人士之後，不會有人溫柔提醒你「最近操過頭，該休息了」。

因此，我們要自己照顧自己。

請把寂寞當成「需要暫時休息」的警訊吧。

天氣越冷，
「孤獨小姐」就越容易出現。
這種時候，
請去泡個澡、點燃香氛蠟燭，
緩緩地放輕鬆吧。

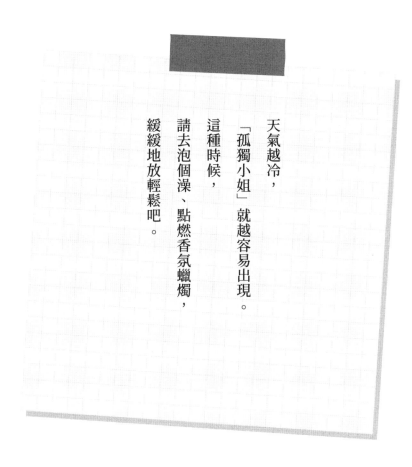

07 稍微運動一下

心靈和身體緊密相關。

心靈疲勞會讓身體失去活力，而身體疲勞也會讓心靈枯萎。

有人來找我諮詢「心理狀態不太好」的問題時，我會在提出具體建議之前，請對方試著做一些運動。

個案經常會感到訝異，不過，透過消除身體活力不足的問題，通常就能改善心理狀態。

你平常做多少運動呢？

我對個案問這個問題之後，對方告訴我「大概就是放假的時候，走路去採買而己」。

還有很多人開車上班或者在家工作，一天走不到一千步的人還不少。

運動會讓身體感到疲勞。

有人會覺得運動很累，但其實運動會提升你的體力，長期下來，保持運動習慣的人會比較不容易疲累。

針對那些有好成績、人生順遂的人調查日常「習慣」之後，就會發現這些人幾乎都有運動習慣。

聽到運動習慣，你可能會以為是每天都去健身房，不過事情並非如此。

你只需要以適當的頻率持續練習瑜珈、慢跑、散步等不需要去健身房也能做的運動就好了。

我以前曾經問過這些人生順遂的人，為什麼要運動。

雖然有些人回答自己想練肌肉所以去健身房，但是大多數的人都是為了提升自己的表現，把鍛鍊體力當成工作的一部分。

培養運動習慣，會讓我們的日常產生變化。

首先，睡眠品質會變好。

「我覺得精神不濟……」有這種煩惱的人，通常想睡也睡不著。

其中一個原因就是因為運動不足，導致體力沒有用盡。

在登山或踢完室內足球之後，應該會睡得很好才對。

我自己出社會之後，只要是有去打棒球那一天，都會比平常提早三個小時陷入爆睡的狀態。

提升睡眠品質的訣竅，就是要用光體力。

而且，想要養成運動習慣，就必須特別撥出時間，因此你必須為此重新審視自己運用時間的方式。

太常加班，就沒辦法撥出時間運動。

為了不要加班，工作會變得更有效率。

我並不是要你去健身房，而是希望你透過運動調整自己的身體狀態。

不過，如果從一開始就設定每天慢跑三十分鐘、每週去健身房五天這種高難度的目標，一定會感到挫折。

每次撥一點時間，淡然地持續下去，逐漸養成習慣最重要。

你可以先從邊看影片邊拉筋等五分鐘的小運動開始。

除此之外，平常就要刻意「走路」、「爬樓梯」。

走路也是很棒的運動。

我會把鍛鍊的時間設定在短短的三十分鐘，不要把自己逼得太緊，以養成習慣作為目標。

想要正式鍛鍊身體，等到養成習慣後再開始也不遲。

我們沒有要跟誰比賽。

養成鍛鍊身體的習慣之後，自然不容易累，心靈也會跟著變堅強，也會比較不容易被寂寞吞噬。

心靈和身體緊密相關，
所以要養成做一點小運動的習慣。
不過度勉強的運動，
能夠提升體力，
心情也會變得積極正向。

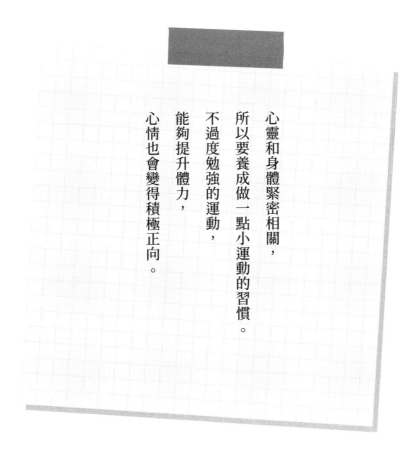

08 一個人的煩惱就是一千個人的煩惱

我們往往會覺得自己的煩惱很特別、特殊。

「只有我有這種煩惱，所以都沒有人懂……。」

有些人會這樣告訴我，但是從我這個心理教練的角度來看，那通常是幾個小時前就有人問過的問題。

每個人心裡都有大大小小的煩惱，沒有誰是無憂無慮的。

乍看之下一帆風順的人，其實也只是周圍的人覺得他一帆風順而已，當事人當然也會有無法對外人明說的煩惱。

所以，當你有煩惱的時候，不要覺得只有自己這樣，而是試著去想：

「應該也有人和我一樣煩惱，我一點也不孤獨。」

我很尊敬的老師曾經告訴我：

「一個人的煩惱就是一千個人的煩惱。」

也就是說，自己心中的煩惱不是自己才有，而是有人早就經歷、克服過了。

在自己煩惱的時候，如果有人告訴你該怎麼解決或突破，是不是會覺得彷彿在黑暗的洞窟中出現一線曙光？

那一線曙光的真面目就是書籍。

書籍當中濃縮了在某個領域有成就的人的智慧。

因此，當你覺得煩惱，多讀幾本和該煩惱有關的書，就很有可能突破難關。

之所以要多讀幾本書，是因為每一本書都有屬於該書作者的成功模式，不見得能直接套用在自己身上。

透過接觸各種方法，把作者的成功當作線索，應該就能找到適合自己的解答。

我以前被寂寞吞噬時，曾經為了尋找解決方法而拜讀老師的書，書中寫著：「我也會感到寂寞……。」這句話讓我鬆了一口氣。

當你覺得「只有我在煩惱」的時候，就會獨自陷入鬱悶的情緒之中。

一旦覺得自己的煩惱很特別，就會一心覺得：「就算找朋友商量，他也不會懂……。」然後一直往負面的方向思考。

我會在筆記本上詳細地記錄自己煩惱過的事。

因為我曾經有過的煩惱，今後也會有人覺得困擾。

請試著把你現在的煩惱寫在社群媒體或部落格上。

或許會因為你發文的內容，出現幫你解決問題的人，又或者幫助別人解決問題。

當你覺得煩惱的時候，當下的感受和不滿，都很有可能成為未來的養分，如此想來心情是不是就變得輕鬆了呢？

沒關係的喔。

當你覺得這個煩惱只有自己才有，可能會感覺格外孤獨，但是一想到自己的煩惱也有可能是別人的煩惱時，心情就會比較輕鬆了。

我的線上沙龍會保留讓參加者分享意見的時間，有些人因此發現「原來不是只有我才會煩惱」，心情就變得比較輕鬆了。

你的煩惱，
說不定早就有人解決過了。
想到這裡就不會覺得那麼寂寞。
再黑暗的隧道，
也一定能看到出口！

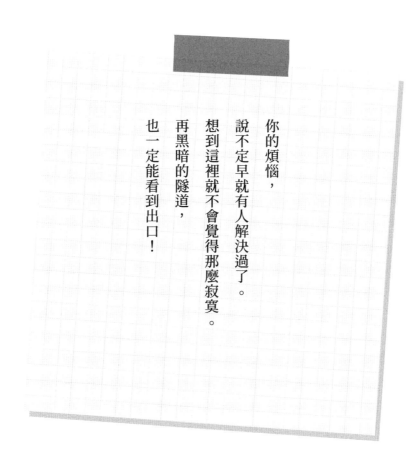

第2章

當你想著「我一直保持現狀真的好嗎？」無法停止負面思考的時候

——擺脫「沮喪」的方法

「孤獨小姐」希望你能了解她。
當你覺得快要被寂寞壓垮的時候，
請把焦點放在「好的一面」，
不重要的事情就輕輕帶過吧。

09 漫畫要從最新一集開始往回看

當你覺得「自己真是個廢物」的時候，請從漫畫的最新一集往回看。

我這樣說，你可能會很驚訝地回問：「為什麼？」

如果漫畫出到二十集，你就從二十集↓十九集↓十八集這樣慢慢往回看。

為什麼要從最新一集往回看呢？因為這麼做你就會發現，現在大展身手的主角，在經歷迂迴曲折之前也很弱小。

當你覺得寂寞的時候，是不是會把自己和一帆風順的人相比，然後心想：

「那個人本來就很有才華啊……。」

然後因此覺得失落沮喪呢？

我以前看到那些表現很好的人，都覺得：「我和那個人從基因開始，就已經不一樣了」。

越是這種時候，我越希望你從最新一集的漫畫往回讀。

往回看到第一集，你就會覺得原來主角是從環境很差的谷底出發的。

譬如說，家裡很窮沒有錢，也沒有人可以依靠。

譬如說，一點也不強，每次都輸給對手。

譬如說，沒有女友也沒有朋友，一直不斷失敗。

但是，每一部漫畫都有一個共通點——雖然輸在起跑點、沒實績也沒能力，但是主角都懷抱很大的野心。

為了在最新一集變成主角，一步一腳印地往前邁進。

可能有時候會遇到覺得再也無法重新振作起來的挫折，或者因為覺得自己很弱而感到痛苦。

很多人都是從現在的狀態開始，不斷努力試圖創造未來。

然而，從最新一集開始看漫畫，時間軸就會從未來回到現在、過去。

你也能明確描繪自己想實現的願景，然後不斷想像已經實現願景的未來，藉此改變現在的行動。

我們要思考的不是現在想做什麼，而是「現在應該做什麼」。

如果被眼前的事情絆住，就什麼都改變不了。

如果漫畫裡的主角，一直在意手機冒出來的訊息，怎麼可能實現夢想。

思考現在應該採取的行動時，應該要鮮明地想像未來的樣貌。

只要詳細描繪未來的願景，再困難的道路也會覺得：

「這條路能實現未來的願景呢！」

然後心情也因此感到輕鬆。

現在過得再怎麼好的人，當初也曾經有過「好想改變」的念頭。

只不過他從自己所處的地方，一步一步慢慢前進，才能有現在的狀態。

現在看起來閃閃發光的樣子，只是那個人的一部分而已。

以藝人來說的話，就是電視、雜誌特輯上能看到的部分，而我們往往只會從這些看得到的部分做評斷。

然而，在看得到的部分背後，一定有看不到的東西。

我之所以喜歡讀書，是因為書中有作者針對一個主題描述自己經歷過什麼煩惱、如何煩惱、在錯誤中嘗試後突破難關等人生故事。

看到在錯誤中嘗試的過程之後，就會覺得：

「乍看之下是個天才的作者，也和我一樣有過掙扎啊……。」

我會因此得到共鳴，獲得克服當下難關的能量。

如果你也想改變的話，請試著和那些現在一帆風順的人站在同一個起點吧。

從漫畫的最新一集開始往回看，就能獲得「自己也能從這裡再出發」的勇氣。

雖然想著要去健身房、要讀書，但應該也有人很難馬上行動。

不過，如果是漫畫的話，就能輕鬆讀下去。

當初我心中有「想要寫書」的念頭時，讀了主角是「作家」的書，最後獲得「好，那我也要努力實現夢想」的勇氣。

從最新一集的漫畫往回看，
堅強的主角會變得越來越弱。
就這樣從「弱小」的起點開始，
描繪終點的「理想」吧。
或許你現在也是在第一集呢！

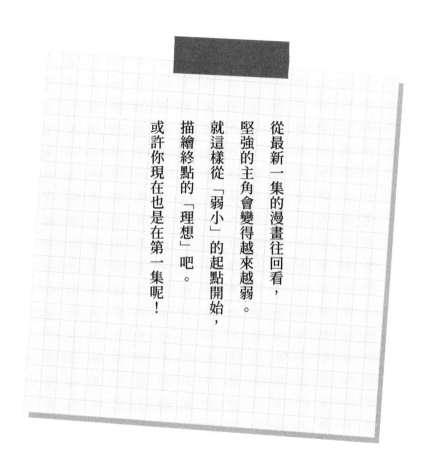

10 到高樓大廈的頂樓去

從高處俯瞰景色，就會看見以往看不見的東西。

我住飯店的時候，會盡量選擇高樓層。

到香川縣高松市的時候，我從飯店俯瞰瀨戶內海，心想：「好想成為映照在地平線上的美麗夕陽喔。我還能透過心理訓練，為這個世界做好多好多事呢。」

我因此起雞皮疙瘩好一陣子。

坐飛機到沖繩，從空中看到湛藍的海洋包圍著沖繩的「輪廓」時，我也因為大自然的神祕力量而大受感動，像小學生遠足一樣興奮地想著：「日本竟然有這樣美麗的景色」。

置身高處，就會發現我們平時看到的景色有多渺小。

那是因為我們雖然看得到視線範圍內的東西，但也漏掉很多。

在外資企業工作的A小姐認為：

「一直待在這間公司，我會無法成長。」

她覺得薪水雖然多，但是工作內容不適合自己。

A小姐一到假日就會心想：

「我一直這樣下去好嗎？」

「我接下來也沒辦法辭掉這份工作嗎？」

因此覺得無比空虛。

她試著依靠男友，但男友有時很晚才回信或者回覆的內容不符合期待，甚至因為時間無法配合而很少見面，讓她更覺得寂寞。

「根本沒有人了解我……。」她每天都在為此煩惱。

然而，實際上除了離職，她應該還有調部門、申請留職停薪、和上司商量、登錄轉職網站等其他選項。

所以我試著問她：

「妳能調部門嗎？」

結果她目瞪口呆地回答：

「呃，我從來沒想過有這個選項！」

人在煩惱的時候，視野就會變得狹窄，覺得自己只有「辭職」這條路可以走。

當你覺得：

「我一個人好寂寞。」

「我會不會就這樣孤單一輩子？」

就需要開拓自己的視野。

至少，在心裡有「想要擺脫這裡」的想法時，不要一個人待在房間，試著到外面走走。

覺得寂寞的人，往往會低著頭走路。

即便路上有很多廣告和看板，也視而不見。

這就是視野變得狹窄的證據。

因此，當你覺得喘不過氣，請到高處環視整個城鎮。

你不只會看到過去沒看見的美麗景色，還有可能擁有新的觀點，找到解決煩惱的突破口。

飯店、古城、機場、遊樂設施、大樓，無論在哪裡都可以。

請刻意到比平地更高的地方。

解決煩惱的破口，總是隱藏在意外的地方。

為了找到破口，你需要到高處去。

嘗試這個方法非常有價值。

當你覺得煩惱，
請先到高樓大廈去。
我想你應該會有新的發現。
只要你心中出現「明天也要加油」的念頭，
那你就贏了！

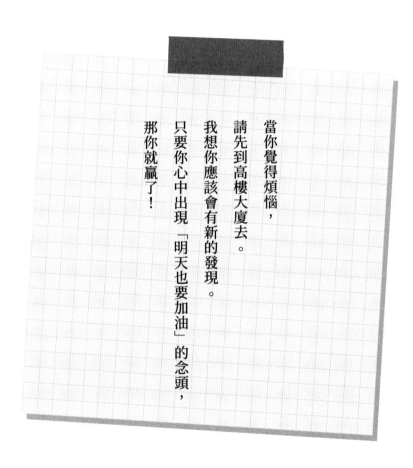

11 把「算了，以後再說」當成口頭禪

「為什麼我會這麼不順啊？」

「為什麼我就是沒辦法好好和別人相處啊？」

你會不會也像這樣同時在腦海裡浮現各種念頭呢？

一直在腦海裡想著一樣的事情，再怎麼想也無法解決。

就像倉鼠在輪子裡跑，乍看之下有前進，但其實一直在原地沒有邁出腳步。

譬如說，陷入以下的思考循環——

①為什麼我交不到男朋友？（問題）

▼

②因為我條件不好。（責怪自己）

▼

③沒錯……。（認同）

▼

④因為我個性不好，前男友說我這個人「很沉重」。（原因）

▼

⑤朋友最近剛結婚，在社群媒體上發了結婚登記表和婚戒的照片，到底在想什麼啊？（和他人比較）

這種時候，在腦海裡用「問題↓責備自己↓認同↓原因↓和他人比較」的模式思考，心靈就會失去餘裕。

一直朝負面的方向思考，無法解決問題。

但是，只要開口說出「算了，以後再說」就能改善。

我建議各位不只開口說說看，還要當成口頭禪。

「算了，以後再說。」

只要說出口，就不會陷入「問題↓責備自己↓認同↓原因↓和他人比較」的惡性循環，在「問題」的階段不會想太多，容易輕巧地帶過。

不少人會因為無法「輕巧帶過」一件事導致太過鑽牛角尖，反而消耗自己的精神能量。

在服飾業工作的A小姐，為職場上的人際關係感到煩惱。

她很討厭上司瞧不起自己，總是把自己拿來當作講笑話的梗。

沒有人幫她講話，導致A小姐在部門內被孤立。

我對A小姐說：

「就算不是真心這麼想也無所謂，妳先試著說出『算了，以後再說……』。」

A小姐雖然覺得很奇怪，但是她重複說了幾次。

剛說出口的時候可能會覺得很奇怪，但是過了一個月之後，就一點也不奇怪了。

最後她因此覺得安心，睡眠品質變好，煩惱的時間也變短了。

A小姐說了一句話，讓我印象很深刻：

「反正我就算煩惱，也不能解決問題啊。」

不理會上司的言行半年後，那位上司竟然被調走了。

懂得「不理會」的技巧之後，就會發現自己以前花了太多時間和體力在無法改變的事情上。

除此之外，我還建議大家可以從「不理會」的觀點看待搞笑藝人的影片。

看到就算觀眾沒有笑，搞笑藝人也不會在意，繼續講完準備好的段子，你就會了解什麼是敬業。

你或許會驚訝於搞笑藝人的心靈竟然如此堅強。

當然，如果是會造成別人麻煩的事情，就沒辦法不理會。

在工作上三番兩次犯同樣的錯，當然不能想著「算了，以後再說」就放著不管。

只要放著不管，下次就會再犯同樣的錯，進而失去他人的信任。

除此之外，假設你假日正在等著戀人回信時，公司的人因為重要或者很緊急的工作而聯絡你。

在私人時間傳來工作上的聯絡，雖然很想拖延、之後再處理，但是也不能抱著「算了，以後再說」的態度置之不理。

朋友或戀人沒有回信的原因，你想破頭也不會知道。

有可能是對方很忙，也可能是有什麼目的，但是放大解讀對方細微的口吻和態度並沒有意義。

因為知道答案的只有神仙和對方本人。

再怎麼想也無法改善，所以當對方沒有回應的時候，你就去運動或讀書，試著磨練自己。

只要能夠抱著「算了，以後再說」的心態，就不會變得太過失落，陷入過度的負面思考。

然而，可能會有人說：

「總不能什麼都用『算了，以後再說』帶過吧？」

所以這個方法可能不要大肆宣揚比較好。

如果這件事不理會也無所謂，那就徹底無視吧。

把「算了，以後再說」當成口頭禪

不要一直想著無法解決的事情。

再怎麼煩惱也不會改變現狀。

只是在浪費你的時間而已！

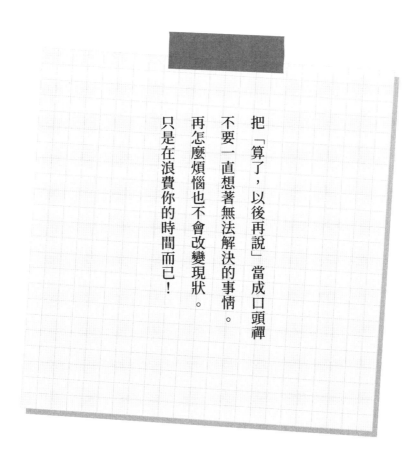

12 資訊斷捨離

「無論和誰在一起，我都覺得不對勁。」

「我很希望有人了解我，但是根本就沒有這個人。」

當人陷入孤獨時，就會尋求與他人的連結。

尋求連結時，你是不是會先把手伸向手機呢？

下意識地拿起手機，傳LINE給想聊天的朋友，在社群媒體上徘徊，結果一轉眼夜已經深了。「怎麼這麼晚了？」這個時候你才感到焦慮……。

我想任何人都有過這種經驗。

懶洋洋地滑手機，不知不覺中就會開始搜尋自己正在煩惱的事。

按照搜尋到的順序讀下去，看到「你有沒有這種煩惱？」的標題，就點進去確認選項，然後發現自己都符合，反而變得更不安……。

在心中充滿不安，無法正常判斷的狀態下，碰到「今天下單打五折，要買要快」的廣告，就會不小心買了昂貴的商品。

人往往會像這樣，用別的東西填補寂寞。

然後，反而變得更加不滿足。

請大家再思考一下。

你看到的訊息中，正面訊息和負面訊息哪一個比較多？

應該是藝人的緋聞、醜聞等負面訊息比較多吧？

我們本來就過度暴露於電車裡的吊掛海報、廣告、報紙等各種媒體傳遞的日常資訊之中。

如果聘請教練幫忙控制體重，教練會建議你：

「平常吃太多碳水化合物了。要控制一下喔。」

卻沒有人會告訴你：

「平常吸收太多資訊了。要控制一下喔。」

關鍵在於不要在被動的狀態下過度接受資訊，而是自己主動去選擇資訊。

整天開著電視，就會吸收和自己毫無關係的資訊。

積極選擇各種資訊和被動接收資訊，兩者之間有雲泥之差。

想要擺脫這種狀況，就要刻意把手機放在遠處。

話雖如此，手機的確是我們生活中不可或缺的東西。

因此，我們可以選擇在稍微出門散步的時候，把手機放在家裡。

又或者是把手機放在包包深處，刻意讓自己沒辦法馬上拿到。

先從難度低的方式開始做起吧。

「透過社群媒體得知朋友結婚了。」

「以前很熟的哥兒們，交女朋友了。」

其中或許會有這種令人心情受影響的訊息，但是我們的心理狀態絕對不能過度被資訊左右。

我希望大家能對負面訊息斷捨離或者限制總量，把眼光往「內」看，積極打造這樣的環境。

否則，你的眼光就會一直朝「外」看，形成一個被動接收負面訊息的環境。

如此一來，很有可能會因為太過不安，導致精神崩壞。

我們平時都接收太多資訊了。

當你覺得疲憊的時候，就要對這些訊息斷捨離。

社群媒體不用每天看，也不會有什麼太大的影響。

然後，請限制社群媒體的追蹤數量，盡量不要讓自己暴露在無謂的資訊之中。

我自己為了不要過度暴露在資訊之中，也減少了很多追蹤的對象。

請不要過度暴露於負面資訊之中。
藉由減少資訊量，
好好保護自己的心靈！
你可以放下手機出門散步，
也可以把手機放在包包底部。

13 尋找好消息

今天一整天有遇到什麼「好事」嗎？

突然被問到這個問題，應該有很多人都答不出來。

我每天都會在筆記本上寫三件「好事」，所以我確定這個習慣強大到足以改變人生。

每天尋找「好事」，你就會發現日常生活中其實有很多好事發生。

寫筆記並不是想到才寫，而是一種習慣。

如果只在有發生「好事」的日子寫，就會碰到沒發生什麼事的日子吧？

不過，真的有一整天都沒發生好事的日子嗎？

我這裡說的「好事」，指的是今天有打掃房間、喝到星巴克新出的飲料、天氣很好之類很渺小的事情。

並非只限定拿到獎金、去旅行、和老朋友巧遇之類特別的事情。

如果只想找特別的事，就會變得無法感謝日常生活中那些瑣碎的小事。

每天寫下好事，就能以每天都「有」好事為前提開啟一天。

「每天都有好事發生！」

抱著這樣的想法，去尋找幸福。

這對轉變人生來說非常重要。

我也會問來諮詢的個案，日常生活中有什麼好消息。

我平時有舉辦面對面的心理訓練課程，讓參加者用一個小時的時間「面對自我」，然後留一個小時接受諮商。

第一次辦這個活動的時候，我想要刻意到一個比較難吸引到人的地方挑戰一下，看會不會有人參加，所以選擇了沖繩。

結果人數比我想的還要多，課程也順利進行，甚至讓我覺得當初那些不安的情緒很可愛。

參加的人也都讚不絕口，讓我覺得「自己的工作很重要」變得熱血沸騰。

到了活動最後一天，我前往進行心理訓練的咖啡廳，結果原訂參加的四個人都說要取消。

在課程開始前一個小時，而且四個人同時取消。

這四個人是各自預約的，並不是朋友關係。

我因為被放鴿子而感到焦躁，突然覺得沖繩這個地方真的好討厭。

不過，我試著轉念思索：「這種狀況有什麼好處？」

同時，我也想以心理教練的身分，思考有什麼方法面對這種狀況。

最後我改變想法，認為：「終於有機會可以在沖繩觀光了！」後來我因為被放鴿子，得以享受炒苦瓜、沖繩麵食。

在飛機上，我也想著：「沖繩好棒，下次一定還要再來！」
這件事真的可以用「危機就是轉機」形容。
我之所以能這麼想，也是因為平時就習慣在日常中尋找好消息。

你今天一整天，有發生什麼「好事」呢？
聽到這樣的問題，你就知道該怎麼回顧一整天。
很多人都會說「今天好忙……」、「我今天加班……」之類的話，把目光放在不好的事情上。
「工作提前完成了」、「成功叫學弟去道謝了」明明生活中就有很多好事，卻沒什麼人會注意到。
我會把每天都當作是「最棒的一天」。
不是有好事發生才是「好日子」，有壞事發生就是「壞日子」。
而是三百六十五天，天天都是最棒的一天。

即便發生再怎麼討厭的事，也會想著那是「不幸中的大幸」。

請你也試著每天在日常生活中尋找好消息吧！

今天的好消息是什麼呢？

沒有人一天下來什麼好事都沒發生。

沒有好消息是因爲你根本沒去找。

回想起來你會發現生活中有很多好事！

每天都把好事寫在筆記本上吧！

14 把星期三訂為獎勵自己的日子

有很多女性為了工作和戀愛拚盡全力。

我在幫這些努力的人諮商時，發現她們都有「不擅長拒絕別人」的特徵。

應該是說，努力的人都會對自己施加過多壓力，覺得「要再多努力一點」、「要回應別人的期待才行」……。

無論別人拜託她們什麼事情都不會拒絕，拚命做只為了讓別人認同自己。

從事庶務工作的A小姐表示：「這個工作誰都能做。應該有很多人能取代我吧？」她因此覺得非常空虛。

A小姐抱著這種想法，覺得去公司上班變得非常痛苦。

我聽到A小姐這番話，了解她的情緒其實也是寂寞的一種。

A小姐一直想著「希望有人需要我」。

因此我給她兩個建議：「做好離職的準備」和「設定獎勵自己的日子」。

A小姐為自己以前一直夢想成為的諮商師做準備，同時也決定好離職的日期。

雖然因為確定「再過幾個月，就能辭職了」感覺比較安心，但距離離職的日子還有一段時間。

所以要設定獎勵自己的日子，加入讓自己開心的行程，以克服這段時間為目標。

設定獎勵自己的日子，是為了培養慰勞自己的習慣。

譬如說「星期三去按摩」。

如此一來，星期三就會覺得幸福，星期四、星期五還能沉浸在幸福的餘韻之中，星期一、星期二就能在期待之中度過。

為圖方便，我設定在星期三，不過實際上可以配合自己的生活習慣，設定在哪一天都沒關係。

關鍵在於要「定時」。

努力的人大多都在累積的壓力爆發或者身體出問題之後才會知道要休息，但那都為時已晚了。

不過，只要設定固定的時間，穩定釋放壓力，就不會過度疲勞。

關於獎勵，請思考一個去逛書店、看電影之類適合你自己的方法。

日常生活中，因為失敗或不合理的原因被罵、看到令人不安的新聞導致情緒低落，這樣的情形並不罕見。

透過定期獎勵自己，無論碰到多討厭的事情，都能想著：

「反正明天有令人開心的事情等著我……。」

就不會緊抓著煩惱不放了。

另一方面，努力的人往往不懂得怎麼設定獎勵自己的日子。

因為他們會覺得：「這樣不會太奢侈嗎？」「是不是對自己太好了？」

以前我也曾經感到不安——「雖然說是要獎勵自己，但是每個禮拜去按摩真的好嗎？」

你有可能會覺得獎勵自己不應該花錢，應該節省花費才對吧？

因此，請你先從「我可以獎勵自己」這種自我允許開始。

譬如說允許自己——

「可以對自己再溫柔一點。」

「可以多多慰勞自己。」

懂得允許自己放鬆，心裡的負擔就會減輕。

越是努力的人，越無法認同自己的努力。

並不是正職員工、有加班的人才算努力。

正在找工作或打工的學生、沒工作人，就算勞動時間少，精神上也很努力，這樣

當然就算是努力了。

應該有人在找工作的時候，覺得：「我明明沒工作，可以吃這麼好嗎……」甚至因此產生罪惡感。

看到這裡，如果你覺得「可是我沒有在努力啊……」那你肯定是很努力的人。

請試著設定獎勵自己的日子。

光是這麼做，你就會活得比較輕鬆了。

把星期三訂爲獎勵自己的日子吧！
不是「以後再說」，而是定期地獎勵自己。
因爲越是努力的人，
就越不容易聽到孤獨小姐的聲音。

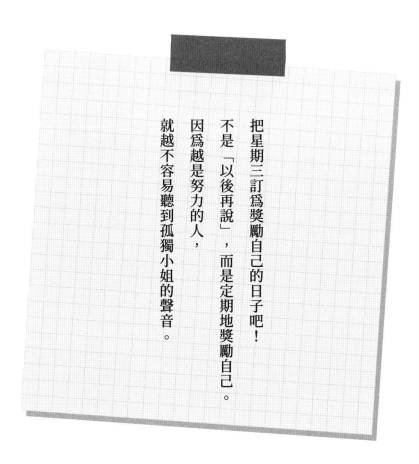

15 吃鮪魚肚壽司，感受「幸福」

你什麼時候會覺得幸福呢？

達成目標的時候、家族旅行的時候、泡溫泉的時候，每個人感覺到幸福的方式都不一樣，但是吃到愛吃的美食，應該任何人都會覺得幸福。

食衣住行是生活的基礎，「食物」能帶來的能量比我們想像得還要多。

「食物」之中讓你喜歡到不行的東西，就是你的最愛。

壽司、烤牛肉、壽喜燒等，每個人喜歡的東西都不同。

你是不是只會在有好事或者重要活動之前，才會去吃最愛的食物？

這樣可沒辦法百分之百應用食物的能量。

不只在有好事發生的時候才吃愛吃的食物，沮喪、不安的時候積極地吃愛吃的食物非常重要。

覺得寂寞的時候，就去吃你最喜歡的食物吧。

經營美容沙龍的A小姐，在太忙覺得寂寞的時候，就會去吃頂級鰻魚飯。吃到的瞬間，會不禁笑著脫口說出：「好幸福喔～」

美味的食物，不只滿足腸胃，還能讓我們整個人都變得幸福。

對我們來說，「吃什麼」非常重要。

不過，有不少人會為了存錢而輕易削減「食物」的享受。

雖然有想吃的東西，但是選擇忍耐……。

因為覺得吃最愛的食物是一種奢侈，所以沒有發生什麼好事就不讓自己吃。

如果你的朋友陷入寂寞或不安的情緒之中，覺得心情沮喪而來找你聊聊，請陪朋友去吃他最喜歡的食物。

你應該會很驚訝，原本很沒精神的朋友，回家的時候表情明顯變得開朗。

如果是沒辦法獨自外食的人，可以找朋友一起，只要把餐費當成「交際費」就會大幅降低吃到最愛美食的難度。

吃美食可以讓人變得更有活力。

所以當你覺得寂寞，請主動去吃最愛的美食。

為了自我允許，你可以想一些能讓吃美食正當化的理由。

「有本書說『吃最愛的美食就會恢復活力』。」

「吃美食可以獲得能量、提升效率。」

「之所以會『想吃』是因為身體需要。」

什麼理由都可以。

可能有人會覺得「食物吃掉就沒了，我比較想買能留下的東西」，

然而，我們本來就是靠食物維持身體機能。

一邊感受幸福一邊吃最愛的美食，能把幸福儲存在體內。

我每週三會去吃最愛的壽司。

壽司之中，我最喜歡的是鮪魚肚壽司。

吃到鮪魚肚壽司的時候，我會忍不住脫口說出：「好吃，我好幸福！」

吃到最愛的美食，感受幸福，然後化為語言，就能為自己夠補充能量。

完全是個有益無害的方法。

輕鬆地享受最愛的美食吧。
就算沒有什麼特別的事情，
也能爲自己補充能量。
和「孤獨小姐」相處的方式，
也會跟著漸漸改變。

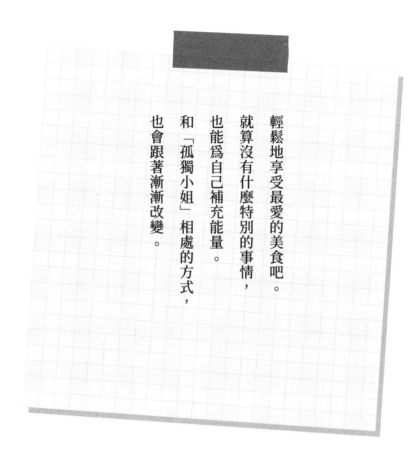

第3章

「只有我孤單寂寞嗎？」當你覺得只有自己留在原地，因此感到痛苦的時候

——巧妙轉換對「人際關係」的不安

只有你能和心中的「孤獨小姐」好好相處。
當你覺得自己被別人無心的話傷害、孤立，
也不需要過度責怪別人，
只需要開闢一個能讓你「感到舒適的歸屬」即可。

⑯ 不要用聯絡的頻繁程度揣測對方的心意

「喜歡的人都不跟我聯絡。」

「朋友突然不回LINE。」

「昨天都還傳有表情圖案的訊息給我，現在只有文字，讓人覺得好冷淡。」

你會因為這些情形感到不安嗎？

只要自己主動聯絡被無視過一次，就會覺得：

「我可能被討厭了……。」

「他可能覺得我很煩，還是不要主動傳LINE給他好了……。」

然後變得更加煩惱。

然而，我們不應該用聯絡的頻繁程度揣測對方的心意。

尤其女性會因為男性聯絡的頻率，評斷「對方是不是喜歡自己」。

在交往之前，彼此都很喜歡對方，應該會經常聯絡。

不過，開始交往之後，會慢慢習慣這種喜歡的感覺，聯絡的頻率就會漸漸減緩。

有很多人因為聯絡的次數減少，而煩惱：「我做錯什麼事了嗎？」「他是不是討厭我了？」

男性對愛的表達，和聯絡的頻率無關。

經常連絡妳的人可能不是妳的真命天子，很少聯絡妳的人有可能反而是妳的白馬王子。

有位男性來找我諮詢：

「女朋友說希望我能常聯絡她。我能了解她的心情，但是我現在正在煩惱要兼做副業還是獨立創業或者換工作……在這種狀況下，我還是要經常跟她聯絡嗎？」

這名男性個案非常積極思考自己和女友的未來。

在諮商幾天之後，女友對他說：「你已經對我厭倦了吧？」

不過，有了這次經驗之後，他就知道「女性會用聯絡的頻率來測量愛的多寡」，當他想要自己想事情的時候，就會先告訴對方「我現在滿腦子都在思考〇〇的事情，明天再跟妳聯絡」。

他貫徹「不說出來，對方就不會懂」之後，兩個人重修舊好，情侶之間的關係也變得融洽。

如果能直接見面的話，看到對方就能安心，但實際上有可能因為假期無法配合、距離太遠，只能以遠端聯絡為主。

此時最重要的是聯絡的內容。

但是沒有人會告訴你，該傳什麼內容才好。

實際上看過個案的對話之後，我經常覺得內容讓對方太難回，甚至臉色發青地問個案：「妳真的這樣傳給男朋友？」

也有人會單方面地傳出向日記一樣的內容。

不過，像是「我今天跟上司去喝酒」這種內容，對方也只能回答「是喔」。

曾經有人來問我：「為什麼我們用 LINE 聊天都不熱絡啊？我覺得被男朋友冷落了。」

可是這種像日記一樣的內容，當然聊不起來。

為了建構良好的關係，不是傳一些妳想表達的東西就好，而是要傳一些對方看到會覺得開心的內容。

在發訊息之前，請先停下來重新讀一次。

妳覺得男朋友或者好友對妳冷淡，有可能只是誤會而已。

首先，不要因為彼此之間的溫度差動搖，要冷靜以對。

因為你們沒有直接見面，看不到對方的表情，所以不了解對方的態度。

不過，如過妳自己心裡有底的話，不要一時衝動就傳LINE，而是要傳一些讓對方「收到會很開心的訊息」。

如果是對已經傳送出去的訊息感到後悔，那就不要透過LINE這種文字方式溝通，而是直接打電話或者和對方見面道歉吧。

聯絡的頻率和次數，
都和那個人的「心意」沒有任何關係。
很少回覆訊息，
並不代表討厭你。
要小心這種擅自論斷的偏見。

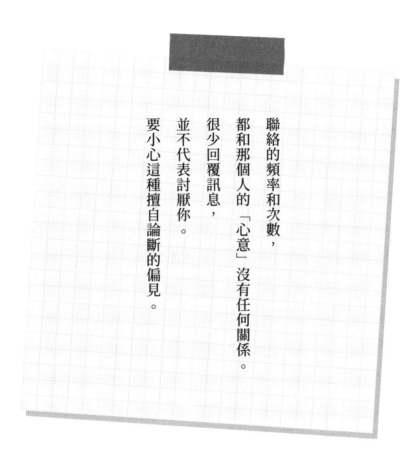

17 在心裡組織一個啦啦隊

「我是個毫無價值的人。」

「沒有人需要我。」

你會不會有這種感覺呢？

心裡有這種想法的時候，就沒辦法認同原本的自我。

那該怎麼辦才好呢？

我建議各位在心裡組織一個啦啦隊。

在工作或情場上失意時，你會不會像下述這樣責怪自己？

「工作搞砸了。沒有人能商量……我好孤單……。」

「和男朋友分手了……這輩子都沒辦法結婚了……。」

請試著想想看，如果這個時候有一個對你充滿愛的啦啦隊，會怎麼幫你加油呢？

「吃點好吃的東西，轉換一下心情吧！」

「接下來只要往前走就好了。」

「下一次絕對沒問題啦！」

啦啦隊應該會這樣鼓勵你吧？

就像這樣試著想像：

「如果是我的啦啦隊，會說什麼呢？」

如果啦啦隊只有一個人的聲音，就會讓你覺得「話是這樣說啦，但我還是辦不到啊」，有可能會沒辦法順利轉換心情，所以至少要有三個人以上。

我們人類就是很容易鑽牛角尖的生物，只要心裡責備自己「我果然還是不行」，這種執念就會被強化。

反之亦然。一旦你覺得「我可以」、「我沒問題」，這種想法也會被強化。

之前有個案說：

「我就是頭腦不聰明又怕麻煩才會這樣。」

那只是他擅自認為自己「頭腦不聰明又怕麻煩」而已。

只要你一心認為自己「頭腦不聰明又怕麻煩」，就算對某件事情有興趣，也會想著「反正我那麼笨，做什麼都不行啦」，就這樣放棄挑戰的機會。

譬如說，你原本想要養成「每天健走三十分鐘」的習慣，但是因為加班覺得疲勞的時候，就會不想走對吧。

你應該會心想「都這麼累了，今天就偷懶吧」。

如果你心中有啦啦隊的話，會怎麼樣呢？

「那今天不要走三十分鐘，走十分鐘就好。」

「如果要減肥的話，這種時候更加關鍵喔！」

「好好流汗之後，再洗個舒暢的澡吧！」

這些話都會推你一把，讓你變得積極，進而轉念邁開步伐。

如果有心中的啦啦隊幫你加油，你就能多往前走一步。

改變自己內心的聲音，就能減少責備自己的狀況。

我以前打棒球的時候，曾經請管樂隊在我比賽站上打擊區時，演奏皇后樂團的〈We Will Rock You〉。

聽到自己的加油歌，自然而然就變得心情開朗。

比起一個人獨自努力，有人加油會讓我們想要再往前走一步。

啦啦隊可以是語言，也可以是音樂。
「聽到這首歌，我就會想要繼續加油。」
如果有這種歌曲的話，就多聽一點吧。

在心裡組織一個啦啦隊吧。
專屬於你的啦啦隊，
無論你順不順利，
都會灌注百分之百的愛，
全力支持你。

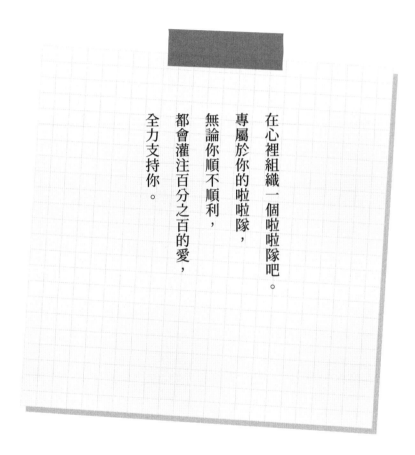

18 看歌舞劇，讓自己有變成主角的感覺

待在一個不會和任何人見面說話的環境，也有可能會讓人覺得心情沮喪。

這種時候，請聽一些喜歡的音樂。

選擇你自己喜歡的音樂就好。

不必張開雙手擁抱流行的新歌曲也無所謂。

你只需要重複聽喜歡的歌手唱同一首歌就好。

當心理狀態變差，就表示人會變得纖細敏感。

聽音樂時，歌詞會自然而然進入自己的心，人就會變得樂觀。

我推薦大家去看歌舞劇，或者聽歌舞劇裡的歌曲。

歌舞劇類型的電影，明明只是走在路上，也會突然開始跳踢踏舞，連周圍不相關的人都會聚集過來，對吧？

我在寫這份書稿之前，也聽了歌舞劇的曲子。

託那首歌的福，我打字的手指像在跳舞一樣，用比平常快一倍的速度寫文章。

像這樣接觸歌舞劇之後，沒有什麼特別事件發生的平凡日常，也能像打開主角的開關一樣。

即便不和任何人見面說話，我們仍然能夠掌控心理狀態，自己振奮精神，這就是一項武器。

只要能控制自己的心理狀態，無論處於什麼狀況都能靠自己好轉，這也會讓人覺得安心。

我的個案A小姐聽著歌舞劇的歌曲，在腦海中想像，開啟自己的心靈的開關，用鼻子哼著歌開心地去上班。

A小姐擁有「想像之後就能振奮精神」的開關。

再也沒有比這更強力的武器了。

因為是想像，所以想到什麼都沒關係。

你可以想像自己喜歡的人、藝人或者歌手。

像這樣刻意讓自己每天都有興奮期待的心，就能夠增加充實感。

請成為一個不會輕易被寂寞擊垮，無論獨處還是和別人在一起，都能徹底享受的人吧。

無法享受獨處，一定要和別人待在一起才會開心的人要特別小心。

因為這樣的人會減少自己獨處的時間，變得依賴他人。

首先請讓自己能夠享受獨處。

自己一個人獨處也能很享受的關鍵，在於「主角思維」。

如果你是電影主角，會怎麼度過不和任何人對話的一天呢？

聚焦於電影的主角欣賞作品時，就會發現獨處就是主角磨練自己的寶貴時間。

在背後努力的部分，只占電影裡的幾分鐘，但是在現實生活中，會是累積努力、培養習慣的重要時間。

你就是你人生的主角。

聚光燈只照著你。

所以，即便是快要被寂寞、不安壓垮的過程，也請把它當成是開闢往後人生的重要時刻。

我以心理教練的身分獨立創業之後，幾乎不和朋友見面。

因為我一直想著先不和朋友見面，專注讓事業步上軌道。

因為沒有和別人見面，努力磨練自己，我才能像現在這樣寫著書稿。

請你也為了未來的自己和重要的人，學會主角思維，盡情把時間和金錢用在自己以後會覺得「當初有那樣做真是太好了」的事情上。

歌舞劇裡充滿享受平凡日常的秘訣！
請你也學會主角思維，
把和「孤獨小姐」共度的時光，
轉換成開拓人生新頁的時間。

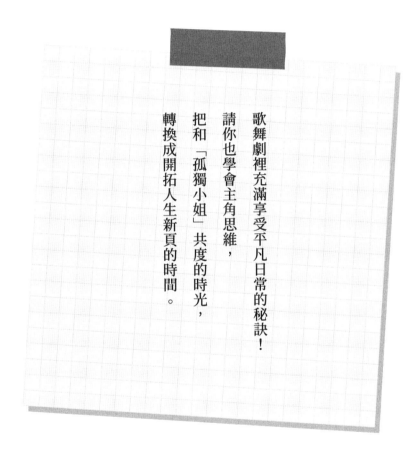

19 成為聖誕老公公，分享幸福

「聖誕老公公活動」就是透過定期跟別人分享，讓日常生活更快樂，也能幫助別人的活動。

我每個禮拜會挑三個正在接受心理諮商的個案，送他們星巴克的飲品券。

除此之外，月底我也會挑三個人送當地知名的「KAITSUKA」烤地瓜。

收到禮物的人會傳送給我開心的訊息和照片。

我會送飲品券不只是想表達感謝而已。

而是希望個案能在星巴克的悠閒空間裡，好好享受一個人的時光。

送烤地瓜是為了引發「幸福的連鎖效應」。

烤地瓜我會送兩公斤，量有一點多。

量多的話一個人吃不完，家人可以一起分享，或者是分送給鄰居、同事。

不只收禮的人，我也希望他身邊的人能夠增添笑容。

我對這種「分享」的行動感到很興奮。

覺得自己就像聖誕老公公一樣，

能夠因為想像著「要讓誰綻放笑容呢」而感到滿足，

對方也真的會很開心。

請你也務必試試看這種聖誕老公公活動。

要注意的是不要花太多錢，以讓自己能夠持續為主。

你可以想像成要在男朋友的生日送禮物。

如果花太多錢，明年開始送禮物的難度就會變高，反而加重自己的負擔，所以不要太努力，以能夠輕鬆持續為主。

除此之外，不求回報也很重要。

因為當你追求回報，就會心生「我都送這麼多東西了」的傲慢心態。剛開始明明只是想要傳達感謝的心情，一旦要求回報，就會讓對方覺得你是為了追求自己的利益而這麼做。

「只是把感謝化為具體型態，不要求對方回報。」最好事先設定這樣的規則。

我的父親在我從高中棒球社引退之後，仍然定期帶著一些伴手禮去幫棒球社加油。

明明隊內沒有自己的兒子或親戚，為什麼要花這些金錢和時間呢？我當時覺得很不可思議。

母校參加茨城的國民體育大會時，我去現場加油，現役選手的家人和畢業生都對我親切有加，讓我覺得很開心。

回報並不代表一切。

雖然父親從來沒有告訴我「要懂得分享」，但是看著父親的背影我就明白了。

像這樣分享給別人，會產生連鎖效應。

我有一次送給在國中教書的A小姐星巴克禮券。

A小姐非常感動。

後來A小姐也送朋友星巴克的禮券，把感動串連到朋友身上。

如此一來，朋友覺得開心，自己也感到幸福。

透過這種聖誕老公公活動，會催生很多聖誕老公公。

遇到生日或者值得慶祝的日子，透過禮物或伴手禮表達心意，這種「聖誕老公公活動」能做到的事情很多。

如果平常只顧自己得利，向別人求助的時候對方也會覺得很煩，想著「那個傢伙又來利用我了……」。然而，你只要像這樣培養和別人連結的習慣，當你覺得寂寞，就能對別人拋出求救的訊號。

平常就養成分享的習慣，就能加強與他人之間的連結。

你也來當聖誕老公公吧。
把自己喜歡的一句話送給朋友，
也是一種「分享」。
一個人獨佔好東西，
實在太可惜了！

20 開闢第三個去處

你有咖啡廳、健身房、社團等除了家庭和公司以外，能夠呈現自己真實樣貌的「第三個去處」嗎？

人如果沒有這種去處就會覺得寂寞。

個案A小姐開始用社群媒體之後，僅僅一個月就得到一萬人追蹤的成績，但是她也因為追蹤數比同時期開始經營社群媒體的對手低而感到沮喪。

對手之間彼此競爭也很重要，但是為此消耗自己的精神就沒有意義了。因此，我建議A小姐不要再和對手競爭。

「對手是因為很努力，所以追蹤數才有成長。」

我請他認同對手很順利的狀態。

最後A小姐透過傳訊息稱讚對手「好厲害」，讓自己放下「競爭」的意識。

結果，A小姐和對手變得親近，還一起合作。

A小姐說來我這裡心理訓練，是她的「第三個去處」。

透過每週和我對話，能夠客觀地看待事物，心靈也能獲得喘息。

你有沒有公開過一部分自己的軟弱或沒出息的一面呢？

個案B小姐有參加網球社團。

據說她剛開始學，所以經常失誤。

別人會覺得她失敗，但是B小姐已經接納「網球打得不好的自己」，所以不覺得參加網球活動有什麼困難。

像這樣擁有一個能讓自己放輕鬆、不必要帥，完全呈現自己原有樣貌的「第三個去處」非常重要。

找到第三個去處之後，就會發現：

「呈現自己脆弱的一面，也不會降低自己的價值。」

另一方面，我們人類是一種會覺得「不應該示弱」的生物。

因為我們會認為「示弱就會降低自己的價值」。

不過，示弱並不會降低你的價值。

呈現自己的弱點，以後就不需要再隱藏，反而會讓自己放鬆下來，行動量也會提升，使自己越來越有價值。

有些人會因為「我是媽媽」或者「擔任要職」，在立場上無法對別人示弱。

因此，透過第三個去處增加與他人的連結，對保持心理狀態穩定很重要。

我發現「第三個去處」的重要性之後，便成立了線上沙龍。

在沙龍的聚會上，不只會針對提升自我肯定做訓練，也很重視成員之間不批判、不否定的交流。

無論在多悲慘的狀況之下，自己的心靈都有歸屬之處，人就不會覺得「我只有一個人」。

你有沒有除了家庭和職場之外的去處呢？

一個人沒辦法產生連結，需要你和你以外的某個人才能成立。

我建議各位加入自己喜歡的社團。

喜歡書的人，可以加入愛書人的社團。

喜歡衝浪的人，可加入衝浪社團。

擁有人與人的連結，能夠安定我們的心靈。

實際上我這樣建議個案之後，有人告訴我：「話雖如此，我還是不知道要怎麼找到第三個去處……。」

當我在ＩＧ上面寫「你可以依靠別人沒關係」的時候，有很多人會回覆「我沒有能依靠的人」。

除了線上沙龍之外，還有很多可以免費交流的地方。

現在可以透過社群媒體尋找第三個去處。

而且，不需要耗費太多時間、金錢，也不需要太強的溝通能力，就能輕鬆使用社群媒體。

首先，請先搜尋自己的嗜好或喜歡的事情吧。

如此一來，你應該就能找到容易建立關係的人或者社群。

譬如說，如果你喜歡讀書，可以搜尋喜歡的作家，然後追蹤他。

擁有「喜歡相同作家」的共通點，或許就會找到「想和這個人聊聊」的對象。

如果出現和你意氣相投的對象，只要抱著親近感愉快地和對方搭話，對方一定也會回覆你的。

你完全不需要擔心「我的嗜好很小眾」這種問題。

無論多麼小眾，只要利用網路，就很有可能找到同好。

我們的目的在於暴露自己的弱點。如果已經暴露自己的弱點卻不被接納，那就不要執著於一個地方，再重新找新的社群就好。

每個人的價值觀不同，當然會有合不合拍的問題。一定會有和自己合拍的人或團體。

除此之外，還有人問過我：「要在什麼時間點暴露自己的弱點呢？」我的回答是越早越好。

如果過了一段時間，對方就會擅自對你產生「這個人很堅強」之類的印象，到時候你就會很難呈現自己的弱點。

這種事雖然不是先搶先贏，但是請大家儘早坦承「我很容易煩惱」、「我並不堅強」，傳達出自己的脆弱的部分。

你也可以選擇在遵守最低限度禮儀的情況下，確認過問候和社團注意事項之後，到閒聊或提問的留言板上發文。

如果是想要對個人提問，可以先詢問對方：「可以請教您嗎？」再視對方的反應行動。

分享自己的寂寞是好事，但是不要認為對方一定能理解你，導致太過依賴對方。

在家庭或職場上，或許很難呈現「原本的自我」。

這種時候，請試著自行開拓能夠示弱的環境。

第三個去處一定會成為你心靈的避風港。

請建構一個除了家庭和職場之外的去處吧。
只要待在這個地方就能鬆一口氣，
能夠呈現自己的脆弱，
那你就沒什麼好害怕的了。

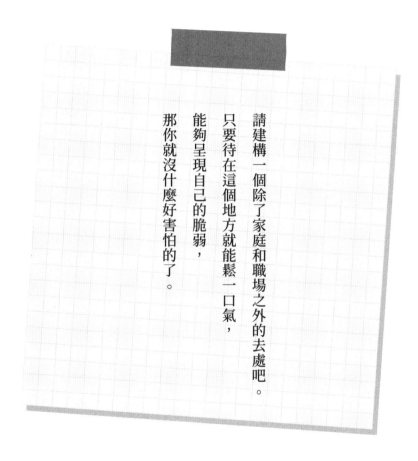

21 「我不行了……」在把自己逼到極限之前，一點一點地傳達出去

你平常會把自己想說的話，確實告訴對方嗎？

沒能好好傳達想說的話，是不是因為害怕「直接說出自己的想法，可能會被對方討厭」？

關鍵在於一點一點地慢慢傳達，而不是把想說的話全都說出口。

譬如說，男友不回訊息，讓妳覺得很寂寞。

妳希望對方「馬上見面」、「馬上回訊息」，但並不是直接這樣告訴對方就好。

對方有對方不回覆的理由。

他有可能正在準備工作上的專案，或者是忙於加班。

這種時候請試著告訴對方：

「工作辛苦了。等你忙完，我們去吃你最喜歡的東西吧！」

「我想你應該很忙，不過你下班回家的路上，能不能讓我聽一下你的聲音？」

這樣就能輕巧地傳達「我很想見你」、「我很寂寞」的心情。

既然妳能體諒對方的情況，對方也不至於因為這樣討厭妳。

聽那些為寂寞而感到煩惱的人說話，就會發現這類型的人通常無法說出自己的想法，往往容易默默忍受。

一直壓抑自己的情緒，會無法主張心中的想法，進而產生「反正我的想法毫無價值」的心情。

如果一再反覆，心裡就會變得更寂寞。

因此，每次都傳遞出一點自己的想法，具有宣洩壓力的效果。

越是溫柔的人，越容易為了息事寧人而隱忍，但是不斷忍耐累積壓力之後才說出口，對方也只會覺得：

「你當時說清楚不就好了……。」

一點一點傳達出去的訣竅在於加入「I」訊息。

所謂的「I」訊息，指的就是「我覺得如果你可以這麼做的話，我會很開心」。

譬如說，和男友吃飯的時候，對方一直在滑手機。

如果當場沒說，之後才告訴對方：「你之前吃飯的時候也一直盯著手機，不要再做這種事了。」對方只會覺得很反感而已。

或者是大聲指責：「吃飯的時候不要滑手機！」這種否定對方的方式也會帶來反效果。

這種時候最好說：

「如果你能在飯菜冷掉之前吃完，我會很開心。」

如此一來，對方會知道「只要專心吃飯，你就會開心」，也能確實傳達重點在於讓你開心。

像這樣，請在到達極限之前，一點一點地傳達出「I」訊息。

不要急著傳達一切，
慎選用詞一點點地傳達自己的想法吧！
越是壓抑自己想說的話，
人就越容易感到寂寞。

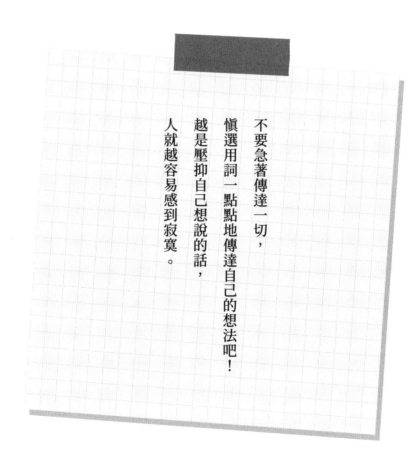

第4章

當你因為「自己做什麼都不行」而感到痛苦的時候

——為了保有「自我」，你要把自己當成「重要人物」

你已經能和「孤獨小姐」好好相處了嗎？

人只要活著就會碰到絕望、沮喪的時候。

越是在這種時候，

越不能忘記要好好疼愛心裡的「孤獨小姐」。

22 你現在狀況很好嗎？

請回顧一下你現在的生活模式。

在筆記本上寫下你幾點起床、幾點開始工作、幾點下班、幾點睡覺，大略的時間就可以了。

只要客觀掌握生活模式，就能知道原因是來自寂寞還是工作過度。

如果太過勉強自己，導致身體狀況變差，很有可能會因為工作過度而導致心靈亮黃燈。

有人會誤以為這種感受就是「寂寞」，但這種情況其實並非寂寞。

個案A小姐為了處理公司發生的問題，早上八點半上班，直到半夜一點才回家。

某次假日她想做點家事，突然覺得身體使不上力，呈現渾身無力的狀態。

身體使不上力，是身體發出的黃燈警訊，告訴你：「再這樣下去，身體會受不了喔。」

A小姐說：「我覺得心裡破了一個洞，覺得很寂寞。」但是這種狀況並非寂寞，而是工作過量。

最麻煩的是，就算自己覺得很勉強，還是會因為不想麻煩別人或者讓別人擔心，而告訴周遭的人「我沒事」。

我以前曾經一個月瘦了十五公斤，得了十元硬幣大小的圓形禿，周遭的人都很擔心地問我：「你沒事吧？」但是我還是回答「我很好啊，一點事也沒有」。

周圍的人也心想「他自己都說沒事，應該是真的沒事」。

這個時候我也不知道為何有種寂寞的感覺，現在回想起來，才知道那是工作過量的警訊。

我以心理教練的身分和很多人交流，發現有不少人把「我沒事」當成口頭禪。會表明自己「很寂寞」的人還算比較好的，有些人會為了自尊而說「我沒事」。以我的經驗來說，「我沒事」就表示「我有事」，如果對方說「我沒事」，那我就會更小心注意個案的狀況。

此時我經常使用的方法就是問對方：「你現在狀況很好嗎？」

「你現在狀況很好嗎？」

請再思考一次。

問對方現在的狀況如何，通常可以引出「不，我現在狀況不好。其實昨天工作出包……」、「其實我最近覺得很孤單寂寞……」這些沒辦法用「我沒事」一語概括的心聲。

因此，請注意「我沒事」這句話。

這句話隱含無法掌握的另一面。

即便大腦覺得「我沒事」，也不能太過相信。

就算你覺得沒事，也要確認體重有沒有劇烈增減、會不會每天肚子痛、有沒有貧血的狀況，才能判斷問題來自寂寞或者過勞。

持續無視身體發出的警訊，有可能會導致重大疾病。

如果已經有身體不適的警訊出現，請考慮果斷改變現在的環境。

這並不是逃避，也不代表你這個人不行。

只是「你不適合這個環境」而已。

當你想換工作或獨立創業的時候，一定會有人說：

「如果在這間公司都做不下去，那其他公司也一樣啦。」

不過，每個人的價值觀不同，當然就會有合不合拍的問題。

我以前也被說過：「辭掉現在這份工作，可沒辦法馬上找到新工作喔。」

後來我沒有轉職，而是選擇獨立創業，金錢和時間方面都變得比上班的時候更有餘裕。

你現在狀況很好嗎？

你有沒有勉強自己說「我沒事」呢？

請再次問自己這個問題。

「我沒事」就是「我有事」的警訊。

當身體有任何不舒服的狀況出現，

請不要無視身體的聲音。

身體是爲了讓你發現，

才發出黃燈的訊號。

23 對祖先合掌致意

我在老家大掃除的時候，找到我們家祖先的日記。

裡面寫著經歷戰爭時「分到的食物很少」、「拉肚子了」之類的心聲。

這份資料我後來決定捐贈給歷史紀念館，但透過閱讀這本日記的每一頁，讓我再度體認到我們的祖先真的經歷過戰爭。

我的祖先在比我更年輕的時候，就認真地面對嚴峻的現狀。

光是想像他們用什麼心情在寫日記，就覺得難受。

我現在之所以能活著，是因為祖先把生命交棒給後代。

只要有一個人沒接到棒子，我現在就不存在了。

因為生命的傳承沒有消失，所以我現在還活著。

人有時候會因為太過寂寞，而想放棄活下去這件事。

我自己也曾在工作不如意、一直加班、生活毫無餘裕的時候，因為壓力暴瘦又罹患圓形禿。

我當時覺得一切都不順利，也看不見未來，每天都過得很絕望。

如果你也有這種想法，我希望你能想想生命的傳承。

你的生命，不是你一個人的。

不要想著這條命是自己的，而是了解自己是傳承了祖先的生命。

日本這片土地上，我最喜歡的地方是廣島縣。

我看到廣島原爆圓頂館的時候，忍不住熱淚盈眶。

「我們家祖先的墓地很遠，我對他們一無所知。」

即便如此，我還是希望你能稍微緬懷祖先一下。

然後感謝當下，努力活在當下吧。

你的生命，
是祖先拚命傳承下來的。
無論現在有多難受，
你都有存在的價值。

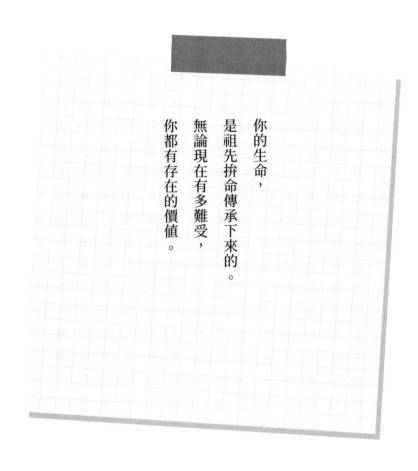

24 擁有自己的原則

學生時代有很多規矩要遵守——「不能在走廊上奔跑」、「不及格的話就要補考」、「升年級之後就要重新編班」。

成為社會人士之後，這些規則都會消失，一切都必須由自己決定。

「無論在什麼狀態下，都要遵守自己訂的規矩，保持最佳狀態。」

為了做到這一點，就要準備某種程度的自我原則。

首先，請思考你的理念，也就是「人生的主題」。

「持續挑戰」、「和家人輕鬆度過一生」都可以。

以我自己來說，我的人生主題就是盡量傳播「無論你現在處於什麼狀況或狀態，

都很有價值」的訊息。

我以前經常受朋友傳來的訊息影響，社群媒體上沒有人按「讚」就會感到不安已經變成常態，但是當我設定人生的主題之後，就不再被周遭迷惑了。

請你也試著思考人生的主題，建立能夠執行的自我規範。

當心靈快要被「寂寞」主宰的時候，就要徹底獎勵自己，這也是我為自己設定的規範之一。

去按摩、吃最喜歡的美食、放鬆地泡個澡，拉筋然後喝個熱牛奶，晚上十點之前去睡覺。

執行這個方法之後，隔天就能恢復絕佳狀態。

如果沒有設定自我原則，當你感到寂寞的時候，就更容易熬夜、長時間滑手機，根本無法好好修復當下的自己。

你有什麼樣的原則呢？

除此之外，我還有另一個原則——「除非雨下太大或者颱風過境，下午五點一定要去散步。」

我以前在雨中散步的時候，附近的農夫大叔說：

「在這種大雨的時候散步會感冒喔。」

在雨中散步可能會被當成怪咖，但是我覺得沒關係。

「即便是在雨中，我還是喜歡散步。」我想這就是我的個人特質。

很多人都太受周遭環境或狀況影響，被大家認知的「普遍」、「常識」束縛，導致失去個人特質。

為了讓自己擁有「我就是我」的觀念，重視自己的個人特質，請設定一個自我原則吧。

就算旁人覺得有點奇怪，你只要告訴自己「這是我的個人特質」即可。

設定自我原則，用「我就是我」的態度面對吧。
不要再被周遭的人影響了。
即便周遭的人覺得有點奇怪，
那也是你的個人特質。
沒錯，「孤獨小姐」就是你的個人特質。

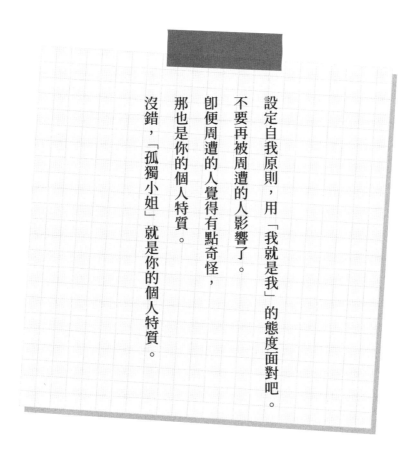

25 你的人生不只這樣而已

「我討厭感到寂寞的自己。」

「我想改變這樣的自己。」

即便你這麼想，仍然很難展開行動，這種情形很常見。

這種時候，請試著從國中英文課學到的「If」句構的假設法——「如果〇〇的話，就可以〇〇了」思考。

在我排定的心理訓練中，經常會用到假設法。

譬如說詢問個案：「如果你有一百萬可以自由使用，你會怎麼花這筆錢？」

我的個案紛紛提出各種不同的點子：

「想做近視雷射手術。」

「想辭職環日本島一圈。」

「想去國外留學。」

這個問題的重點在於「突然」有一筆錢，而且可以「任意」使用。

如果是像獎金這種正規的一大筆錢財，思考時就會太過以家庭和未來為優先，無法自由地想像。

有一次，個案來找我諮詢：

「該怎麼做才能有自信地活下去呢？」

這種有關「自信」的諮詢很常出現。

我反問對方：

「如果有一個即便感到孤獨，也不會敗給寂寞的人鑽進你的身體，會怎麼樣？」

然後請個案推想，在自己的體內置入一個自信滿滿的人，會有什麼樣的行動，然後演出來給我看。

接著，我再追問：

「失敗的時候，那個自信滿滿的人會說什麼？」

「那個人會用什麼態度面對？」

透過這些問題來拓展個案的想像。

如果想像訓練順利進行，就會產生「失敗？我下次絕對會成功！」這種語言和思考上的變化。

這位個案雖然想要變得有自信，但是從來沒有想過當自己充滿自信的時候，會呈現什麼狀態。

然而，經過想像訓練之後，讓他對自信滿滿的人有了具體的印象，進一步套用在自己身上，如此一來他就能體驗到前所未有的「自信滿滿的狀態」。

我希望告訴每個人「你的人生不只這樣」，而是有無限的可能性。

我相信即便你現在「覺得孤獨，處於寂寞到不行的狀態」，只要透過想像訓練，就會拓展出無限的可能。

想像訓練不順利，只是因為你身邊沒有足夠的樣本數，讓你了解實際上實現理想的典範會有什麼樣的行動。

如果是這樣的話，可以透過書籍或影片收集資訊。

應用假設法，無論碰到什麼樣的難關，都能用不同的思考方法面對——

「如果是自己尊敬的A，他會怎麼做？」

「如果是自己尊敬的B，他會怎麼做？」

用自己的腦袋想破頭也想不出來的點子，試著用假設法思考看看，就有可能找到答案。

看漫畫的時候，也會出現令人喘不過氣的場面，

這時候主角就會用「如果是〇〇的話會怎麼做」這種假設法來克服難關。

你也可以試著問問身邊的人：

「當你覺得寂寞的時候，都怎麼轉換心情？」

我有很多個案都是非常客氣的人，有時候我會請他們思考：

「如果你是個非常厚臉皮的人，會擺出什麼態度？」

客氣的人所謂的厚臉皮，對我來說一點也不厚臉皮。

除此之外，我還會請個案思考：

「如果你已經是老手，會有什麼樣的行動？」

你會發現，只要行為舉止威風凜凜，心情就會意外地變得很清爽。

如果你是個一帆風順的人，
現在會怎麼行動？
應該會自然而然地挺直背脊吧。
你的人生，
還有更多可能！

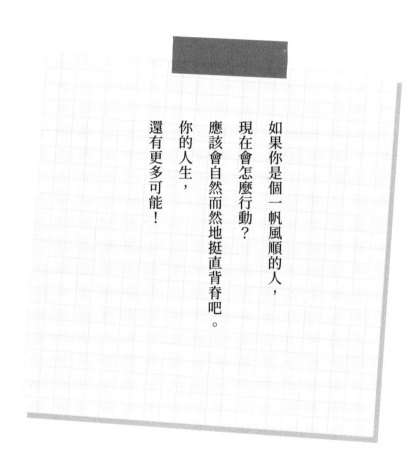

26 因為有離別，人才會變得堅強

有相逢就有離別。

每個人都會覺得離別很痛苦，不過你可以試著轉換角度，盡量樂觀以待。

譬如說「有相逢就有離別」。

因為學校重新編班而和好朋友分開，到了新班級，也會交到新朋友。

因為有離別，才有機會和至今從未有交集的人相遇。

如此想來，離別也可以說是一種召喚機會的形式。

我平時會到日本各地拜訪個案，但是做完心理訓練回家時都會覺得很寂寞。

某次我到富山縣去做面對面的心理訓練，在搭回程的新幹線之前，覺得連綿高聳的山峰非常吸引我，這讓我感到難受不已。

這次的面對面心理訓練是兩天三夜的行程，所以沒辦法悠哉地觀光。

連當地美食都沒辦法吃，空閒時間有時候只能吃個三明治果腹。

「明明稍微走一段路，附近就有知名觀光景點了說……。」

我經常有這種想法。

不過，因為這份不滿足，讓我能轉換成下次一定要再來的動力。

如此想來，離別就是正面而非負面的事情了。

即便分開，記憶也會一直活在心中。

幾年前，曾經關照我的書店倒閉了。

那間書店是讓我變得喜歡讀書的關鍵。

看到關店的公告，我心煩意亂。

「工作出包了……好幸福。」

「喜歡的人都不回我訊息……好幸福。」

像這樣，當一切不順利的時候，試著用「幸福」這兩個字。

剛開始你可能會覺得很奇怪，但是當你在工作上出包失敗時，也試著在語尾加上「幸福」兩個字，**最後有可能就會接受不順利的部分，正面看待失敗——**

「現在有工作已經很令人開心了。」

「失敗是因為我勇敢挑戰。」

無論多麼負面的話都能變得正面，我認為是因為「幸福」這兩個字本身就充滿能量的緣故。

個案A小姐自己一個人獨居並且遠端工作，她因此對一整天都不和任何人說話這件事感到寂寞。

我請A小姐這樣說：

「今天自己一個人……好幸福。」

後來A小姐已經能夠轉換心情，她告訴我：

「我現在覺得擁有獨處時間很令人感激！」

像這樣，只要在語尾加上「幸福」兩個字，就能夠轉換沮喪的情緒。

請各位用「書寫」和「口說」兩種方式試試看。

因為透過書寫，手指和眼睛都能接收幸福的能量；而透過口說，則是嘴巴和耳朵能接收幸福的能量。

請試著在語尾加上「幸福」兩個字。
無論是失敗、憤怒，
還是獨自一個人，
只要說出幸福兩個字，心靈就會變得輕鬆，
讓人得以轉換心情。

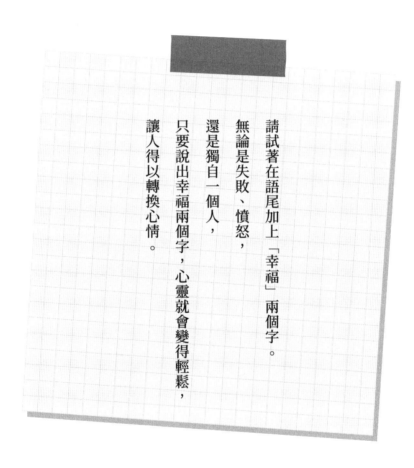

28 和「孤獨小姐」一起活下去

每個人都會感到寂寞。

即便是旁人覺得「看起來沒有煩惱，有另一半也有錢，有想做的事整個人閃閃發亮」的人，一定也都有感到寂寞的時候，只是沒有呈現出來而已。

就算會把感受誠實告訴少部分的朋友，也不會在社群媒體上面發出「我很寂寞」的訊息。

光是不說出口，就會讓大家感到寂寞。

我的個案告訴我，在和一大群朋友出去玩完回家之後，剩下自己一個人讓他覺得很寂寞，他問我：

「是不是我很奇怪，只有我會覺得寂寞？」

但是這一點也不奇怪。

任何人都有過這種經驗。

「每個人都會覺得寂寞。」

請牢牢記住這句話。

我們總會想要「消除」這種寂寞的情緒。

一心認為人不能感受到「寂寞」這種情緒。

但是，我並不會想著要抹除這種情緒。

我不會否定「孤獨小姐」，而是接受她。

「接受」是個很抽象的詞彙，想成「擁抱」、「包容」會比較好懂。

讓情緒停留在「我現在覺得寂寞」的念頭，不要否定這種感受。

譬如說，眼前有你討厭的食物。

你不會因為討厭這個食物，就想要讓這個食物從世界上消失吧？

就像你看到討厭的食物會覺得：

「盤子上有我討厭的食物耶。不過，我不要吃就好了。」

當你覺得寂寞的時候，只要想著「我現在覺得很寂寞」就好。

社群媒體上充滿馬拉松完跑、蜜月旅行去夏威夷的照片等閃閃發亮的非日常。

你必須注意的是，不要過度受到這種發文的影響。

發文的人只是寫了一些「被不特定多數的人看到也沒關係」的內容而已。

和別人比較的時候，通常都會羨慕別人。

因為隔壁鄰居的草皮總是比較美。

看到閃閃發光的發文，就會開始和別人比較，覺得羨慕、失落就是因為這樣。

前幾天，網紅A小姐來找我諮商：

「我已經不知道可以信任誰了。」

A小姐當初成為網紅的時候，有個一起分享資訊的好友。

A小姐認為那個朋友是能夠互相砥礪的夥伴，所以大方和對方分享有益的資訊，但是這個朋友似乎暗地裡到處說她的壞話「A變得很傲慢」、「A有大頭症」。其他的成員告訴她「○○到處說妳的壞話喔」，讓A小姐覺得被背叛，突然覺得很孤獨、疏離。

我告訴她：

「離開的人自然有離開的理由。在目前的狀態下，好好珍惜沒有離開的人吧。」

沒錯，離開的人有離開的理由。

對方離開的理由，光靠你自己是怎麼找也找不到的，所以請不要深究，趕快轉換心情吧。

A小姐因為有了這次的機會，重新審視了截至目前為止的人際關係。
後來漸漸找回平穩的日常，她才發現以前其實壓力很大。
請像這樣控制自己的情緒，和「孤獨小姐」好好相處吧。

即便是你很憧憬的人，
也一定會感到寂寞。
別想著抹除「孤獨小姐」，
而是學會好好和她相處。

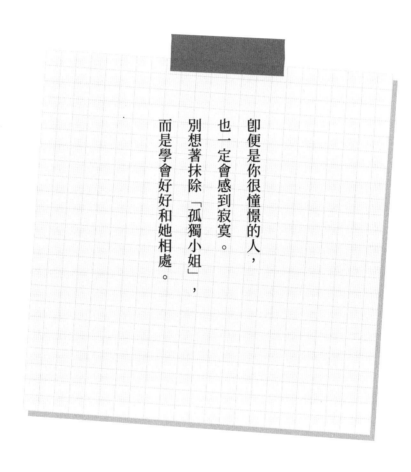

29 人生再幸福一點也沒關係

有些人一旦習慣什麼都不順利、不如意的生活，突然變得太過順利反而會覺得不安，害怕人生變幸福。

開車去第一次去的地方時，導航確實帶著你抵達目的地，但是如果發現附近都沒有車經過，你就會不安地想：「咦……這條路是對的嗎？」

害怕變得幸福就和這種情形很像。

大學生A同學接受我的心理訓練之後，變得能夠表達自己的意見，懂得拒絕那些輕視自己的朋友。

而且，和打工的同事相處順利，也開始和喜歡的人交往，人生往好的方向轉變，但是他卻反而因此煩惱。

有一次，A同學告訴我：

「這樣說可能有點奇怪……人生太過順遂真的好嗎？」

雖然聽起來是很奢侈的問題，但本人非常認真。

我告訴A同學「變得幸福是件好事」。

因為A同學以前曾被朋友傷害，打工也一直失敗導致被解雇，所以他覺得「人生不順遂是理所當然的事」。

不過，這個世界上沒有誰是沒有資格獲得幸福的。

當你習慣寂寞之後，突然好事連連，有時候難免會覺得不安。

不過，變得幸福是件好事！

即便你以前曾經對朋友說出很過分的話，因此傷害到對方，只要能夠反省、改變自己，變得幸福也沒關係。

「因為我對自己的父母說了很多難聽的話，所以沒有資格獲得幸福……。」

有人因為這樣來找我諮詢，但我想只要接受自己曾經犯的錯並且徹底反省，往後的人生變得幸福也沒關係。

請說三次「人生再幸福一點也沒關係」。

然後，請允許自己「變幸福」。

如果你需要別人認同的話，就讓我來吧。

你再幸福一點也沒關係。

心理學的訓練是為了引出個案的真心話，讓人思考「對自己的看法」，釐清自己內心真實的意見。

為了做到這一點，我們必須明確描繪自己的理想。

幸福就在我們心中。

如前文所述，人之所以會感覺到寂寞，是因為把焦點放在外面而非自己的內心。

我某次問個案：「對你來說，什麼是幸福？」我收到各種回答。

「和朋友安穩地過日子。」

「變成自己理想中的樣子。」

「獲得成功。」

這個問題沒有正確答案。

幸福就在自己的心中。

朋友覺得去旅行很幸福，我覺得在家裡悠哉睡覺就是幸福，幸福的樣貌不一樣也沒關係。

最後我想問你。

對你而言，幸福是什麼？

即便周遭的人說「能夠獲得這種幸福的人不到一成」，你也應該要了解幸福和機率無關。

你擁有一步一步邁向理想的權利。

無論現在處於什麼狀況或狀態，你都有價值。

人生再幸福一點也沒關係，請允許自己變幸福吧。

你再幸福一點也沒關係。
無論過去的人生如何，
無論你現在多麼痛苦，
從這個瞬間開始也能變得幸福。
請允許自己變得幸福。

30 無論你處於什麼狀況，都可以從現在開始改變

感謝你讀到最後。

我最想傳達的觀念就是「無論現在處於什麼狀況或狀態，你都有價值」。

我不知道你現在在什麼樣的狀況下讀這本書，不過即便你在人生的谷底感到絕望，我仍然相信你是有價值的。

沒錯，關鍵在於「無論現在處於什麼狀況或狀態」。

在寫這本書的時候，我曾回顧過去自己曾經感受到的寂寞。

我讀大學的時候，假日不和任何人見面，總是一邊嘆氣一邊說：「以後要怎麼

辦……」，出社會之後因為經常加班，精神上被逼到極限，總是想著「再過幾個小時就要去公司上班」，但是現在回想起來都是美好的回憶。

我現在已經能夠相信，就連這些事情都有正面意義。

我輔導的個案也一樣，即便剛開始很悲觀，也會漸漸能夠說出「現在就是我人生最快樂的時候」而變得生龍活虎。

「沒想到可以改變這麼多！真希望當初早一點接受心理訓練。」個案也會給我這樣令人感激的回饋。

我覺得很幸福。

像這樣和個案接觸，讓我確信人擁有無限的潛能。

改變與年齡無關。

你覺得父母、上司、朋友等身邊的人都是你的夥伴嗎？

還是你覺得他們都是敵人？

當上司說「你最好這樣做」的時候，如果你覺得他是夥伴就會認為自己「得到建議」，但如果你覺得他是敵人，就會認為自己「被否定、受到責備」。

對方說的話都一樣，但是接收的方式不同。

或許你會覺得寂寞，是因為你把周遭的人都當成敵人。

以前我覺得身邊的人都是敵人，所以很怕被當成傻瓜或者被嘲笑。

當然也就不會呈現自己脆弱的一面。

不過，我後來漸漸改變想法，覺得周遭的人都是「朋友」、「我最喜歡的人」。

結果讓我能夠說出以前不敢說的真心話，不會單方面忍耐，得到良好的溝通品質。

自己用什麼態度待人接物非常重要。

這些事情學校和公司都不會教你。

請試著把周遭的人當成「朋友」和「你最喜歡的人」。
只要提升溝通的品質，就會減少寂寞的頻率。

本書充滿為你帶來改變的精華。
如果書中有一句話能為你帶來轉變的契機，讓你變得相信未來的自己，那我將會感到無比喜悅。

高寶書版集團
gobooks.com.tw

新視野 New Window 245

今天也沒有和任何人對話就結束了：心理教練的 30 則獨處手記，教你享受寂寞、找回安定的自己

「孤独ちゃん」と仲良くする方法：「さみしいのは私だけ？」と思っているあなたへ

作　　者　古山有則
譯　　者　涂紋凰
主　　編　吳珮旻
編　　輯　鄭淇丰
封面設計、插畫　鄭佳容
內頁排版　賴姵均
企　　劃　鍾惠鈞
版　　權　張莎凌

發 行 人　朱凱蕾
出　　版　英屬維京群島商高寶國際有限公司台灣分公司
　　　　　Global Group Holdings, Ltd.
地　　址　台北市內湖區洲子街 88 號 3 樓
網　　址　gobooks.com.tw
電　　話　(02) 27992788
電　　郵　readers@gobooks.com.tw（讀者服務部）
傳　　真　出版部　(02) 27990909　行銷部 (02) 27993088
郵政劃撥　19394552
戶　　名　英屬維京群島商高寶國際有限公司台灣分公司
發　　行　英屬維京群島商高寶國際有限公司台灣分公司
初版日期　2022 年 8 月

國家圖書館出版品預行編目（CIP）資料

今天也沒有和任何人對話就結束了：心理教練的 30 則獨處手記，教你享受寂寞、找回安定的自己 / 古山有則著；涂紋凰譯．-- 初版．-- 臺北市：英屬維京群島商高寶國際有限公司臺灣分公司，2022.08
　面；　公分．--（新視野 245）

譯自：「孤独ちゃん」と仲良くする方法：「さみしいのは私だけ？」と思っているあなたへ

ISBN 978-986-506-474-7（平裝）

1. 孤獨感　2. 生活指導

176.52　　　111010392

GOBOOKS
& SITAK
GROUP©